Elisabeth Spiller, Jochen Bonk

WIEN RADELT

Die City und ihr Umland erfahren

verlag rittberger+knapp

Die Informationen in diesem Buch wurden mit größter Sorgfalt recherchiert. Dennoch können Fehler nicht vollständig ausgeschlossen werden. Die Benutzung dieses Buches und die Umsetzung der darin enthaltenen Informationen erfolgt ausdrücklich auf eigenes Risiko. Verlag, Autoren und Lektor können für etwaige Unfälle und Schäden jeder Art, die sich beim Besuch oder bei der Anreise zu in diesem Buch beschriebenen Orten und Wegen ergeben, aus keinem Rechtsgrund Haftung übernehmen.

Alle Anreiseangaben ohne Gewähr.

Edition WildUrb
ISBN: 978-3-902999-07-8
1. Auflage April 2021

Autoren: Elisabeth Spiller, Jochen Bonk
Lektorat: Loris Knoll BSc. (grüngrätzlwege.at)
Coverfoto: ©AdobeStock/anatskwong
Karten enthalten Daten der ©OpenStreetMap-Mitwirkenden/
www.openstreetmap.org (ODbL-Lizenz)

 Kommentare und Fragen gerne an: *office@rittbergerknapp.com*

www.wildurb.com
www.rittbergerknapp.com

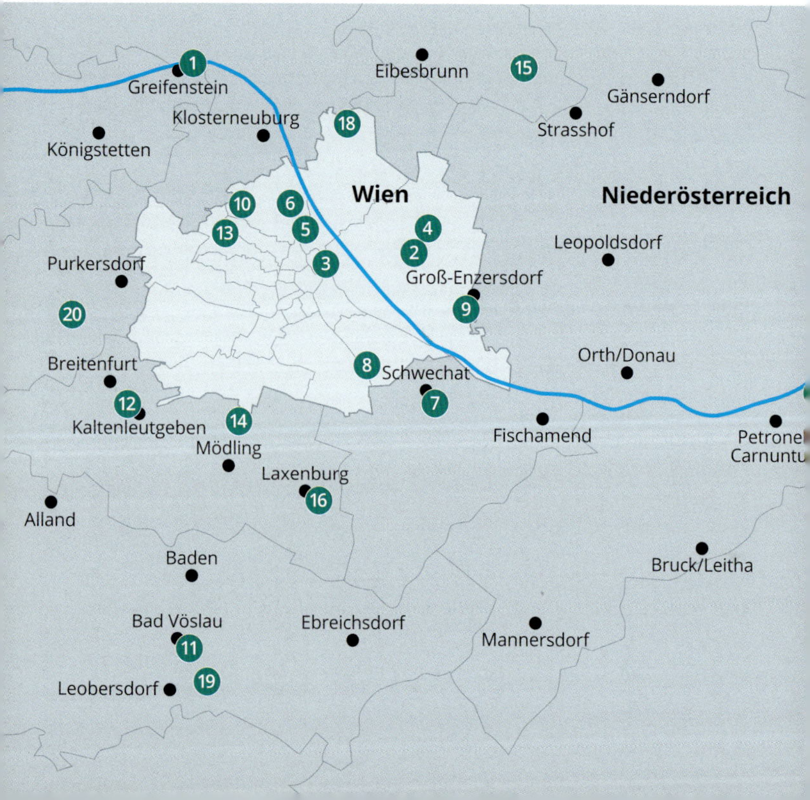

1
Greifenstein
Eibesbrunn
15
Gänserndorf
Klosterneuburg
18
Strasshof
Königstetten
Wien
Niederösterreich
10
6
5
13
4
2
Leopoldsdorf
Purkersdorf
3
Groß-Enzersdorf
9
20
Orth/Donau
Breitenfurt
8
Schwechat
7
12
Kaltenleutgeben
14
Fischamend
Mödling
Laxenburg
16
Alland
Baden
Bruck/Leitha
Bad Vöslau
Ebreichsdorf
Mannersdorf
11
19
Leobersdorf

Inhalt

Willkommen

Radfahren wird in Wien immer beliebter und das Radwegenetz ständig ausgebaut. Im Umfeld der Donau geht es eben dahin und ganz arge Anstiege sind auch im Wienerwald selten. Unsere Erlebnistouren sind so ausgewählt, dass sie mit den meisten Fahrrädern gut machbar sind. Mit einem Rennrad allerdings kann es manchmal beim Bodenbelag etwas schwierig werden und ohne Gangschaltung wirst Du am Bisamberg oder am Weg zum Schafbergbad Dein Rad öfter mal schieben müssen. Das ist aber alles machbar, an die Eiserne Hand solltest Du Dich allerdings nur mit einer Gangschaltung wagen.

Wir sehen unsere Touren als Vorschläge für Erlebnisse rund um Wien. Du kannst fast immer Varianten oder Abkürzungen mit den Öffis wählen. Die Startpunkte sind so ausgesucht, dass sie mit der U-Bahn gut erreichbar sind und zentral in der City bzw. an großen Verkehrsknotenpunkten liegen. Die Touren enden meist am Ausgangsort oder in einer Gegend mit hoher Lokaldichte. Ein würdiger Abschluss eines erlebnisreichen Fahrradtages ist somit bei jeder Tour gesichert. Auch wenn wir sorgfältig Ausschau nach Reparaturservices gehalten haben, ist es ratsam, bei allen Touren ein Pickzeug oder einen Ersatzschlauch und eine Pumpe mitzunehmen. Alle Angaben zur Fahrtzeit sind ohne Pausen bei Sehenswürdigkeiten oder Lokalen angegeben.

Alle Wege sind online

Unsere Touren kannst Du auch ganz einfach am Handy abrufen, indem Du den QR-Code der jeweiligen Tour scannst, die Karte öffnest (Google Maps, AllTrails, Bikemap) und schon geht Orientierung ganz einfach.

Falls Du kein Handy benützen willst, öffne den Link *www.wildurb.at/maps*, klicke auf »WIEN RADELT« dann auf die Tour und die gewünschte Karte. So kannst Du die Map ausdrucken, das Höhenprofil anschauen und Dateiformate für Dein Navigationsgerät downloaden.

LEGENDE

5km[1] (1¾h)[2] | R[3] | 128hm[4]

1) Tourlänge, 2) Fahrzeit, 3) Verlauf:
R (Rundfahrt) / S (Streckenfahrt)

4) Höhenmeter zu überwinden

TOUR 1

Alte Steine

In der Hauptrolle: die Donau und zwei Burgen

Die Tour führt uns zu zwei Burgen, die sich im Donauknie, in der sogenannten Wiener Pforte gegenüberliegen. Wer sich die Burg Kreuzenstein genauer ansehen möchte, muss einen kurzen und knackigen Aufstieg meistern. Ähnliches gilt für Greifenstein, den wir allerdings ausgelassen haben. Der Rest der Strecke ist so gut wie eben und größtenteils asphaltiert.

START & ANREISE
1010 Wien, Schottenring
Linien U2, U4 › Schottenring

WEGVERLAUF
Schottenring › Korneuburg › Leobendorf › Spillern › Greifenstein › Klosterneuburg › Heiligenstadt › Schottenring

TOUR
59,5km (4h) | R | 220hm
Größtenteils flach, meist Asphaltwege, ein kurzer steiler Anstieg

Ringturm

Los gehts bei der U2-/U4-Station Schottenring am Franz-Josefs-Kai gegenüber dem Ringturm, dem mit 73m höchsten Gebäude an der Ringstraße. Innerhalb des Rings wird er nur vom Stephansdom überragt. Der Ringturm selbst wurde als innovatives Gebäude Mitte der 50er Jahre erbaut und sollte als sichtbares Zeichen für die wirtschaftliche Stärke der westlichen Besatzungszonen aus der sowjetischen Zone jenseits des Donaukanals zu sehen sein. Auf dem Dach befindet sich der nochmals 20m hohe Wetterleuchtturm. Vor unserer Abfahrt können wir prüfen, wie die Zentralanstalt für Meteorologie die Aussichten auf eine angenehme Radfahrt bewertet. Wenn die Säule rot blinkt, bietet sich vielleicht ein Besuch in einem Ringstraßencafé an, denn dann gibt es eine Sturm- oder Gewitterwarnung. Grün aufsteigendes Licht signalisiert eine bessere Wetterlage, rot aufsteigend bedeutet: höhere Temperaturen und absteigend: das jeweilige Gegenteil. Wer ein weiß blinkendes Licht sieht, ist wahrscheinlich im Winter vor Ort, denn so wird vor Schnee und Glatteis gewarnt. Wenn das Wetter passt, fahren wir stromabwärts den Radweg entlang bis zur ersten Ampel, überqueren die Straße und biegen links auf der Rampe hinunter auf den Donaukanalradweg stromaufwärts (Details zum Donaukanal: Tour 10). Wir folgen ihm, bis uns ein Schild über eine Rad- und Fußgängerbrücke zum

Steinitzsteg weist. Hier können wir uns sowohl für die Route über den EV6 oder EV9 entscheiden, beide Wege führen über den Steg. Sie bringen uns bis zur Donauinsel, auf der wir dann ganz locker stromaufwärts weiter radeln.

An ihrem Ende angelangt, folgen wir dem Radweg Richtung Korneuburg. Bis wir die Autobahn vor uns sehen, orientieren wir uns an den Schildern des EV6. Dann halten wir uns auf dem Radweg noch einmal links und biegen bei der nächsten Gelegenheit schließlich rechts ab (Zum Scheibenstand).

Nun gehts unter der Donauufer-Autobahn hindurch, über einen Bahnübergang und dann gut beschildert nach links. Ab hier können wir nun den Wegweisern »Sagenhaft rund um die Burg Kreuzenstein« folgen. Sobald wir Leobendorf erreicht haben, bietet der oben genannte Radwegweiser zwei Alternativen.

Über die Felder bei Leobendorf

Wir wählen den Weg nach rechts und biegen dann gleich wieder links ab. Anschließend radeln wir geradeaus weiter, kreuzen die Stockerauer Straße und halten uns bei einer Gabelung links auf der Burggasse, die dann bis zu eben dieser Burg führt.

Baukastenburg Kreuzenstein

Aufgrund der strategisch guten Lage befanden sich hier seit prähistorischer Zeit immer wieder Befestigungsanlagen und Wälle. Zu Beginn des 12. Jahrhunderts wurde dann die erste »klassische« mittelalterliche Burg gebaut. Nach bewegten Jahrhunderten in unterschiedlichem Besitz wurde die Burg am Ende des dreißigjährigen Krieges aufgrund einer riesigen Übermacht den Schweden übergeben, die sich jedoch bald wieder zurückzogen und große Teile der Burg sprengten. Viel blieb nicht übrig, da die Bevölkerung die Steine abtransportierte und als Baumaterial verwendete. Erst ab 1874 wurde das alte Gemäuer durch Johann Nepomuk Graf Wilczek als Museum für seine Sammlung wiederaufgebaut. Es ist eine romantisierende Burg aus dem 19. Jahrhundert, die das Idealbild einer echten mittelalterlichen Burg darstellen soll. Dies gelingt ausgezeichnet, da Wilczek historische Originalbauteile europäischer Burgen erwarb und verwendete.

Die Burg kann im Rahmen von Führungen besichtigt werden. Außerdem befindet sich neben der Burg die Adlerwarte Kreuzenstein, wo unter möglichst artgerechter Tierhaltung Vorführungen mit unterschiedlichen Greifvögeln vor der beeindruckenden Kulisse veranstaltet werden.

Nach einer kleinen Stärkung in der Burgtaverne, geht es nun nach links ein Stück bergab, bis zu einem Rechtsabzweig (Weinviertel Donau Radtour) und über Felder weiter nach Unterrohrbach und Spillern. Hier kann man sowohl den Tafeln »Sagenhaft um die Burg Kreuzenstein« als auch dem Weinviertel Donau Radweg bis nach Stockerau folgen.

In Stockerau orientieren wir uns am Kreisverkehr nach der Beschilderung in Richtung Tulln/Wien/Donauinsel. Kurz nachdem der Weg nach Tulln rechts abzweigt, sehen wir auf unserer rechten Seite den Eingang zum Kraftwerk Greifenstein. Hier gehts hinein, über die Kraftwerksbrücke auf das andere Donauufer hinüber und dann auf dem EV6 Richtung Klosterneuburg weiter. Wir passieren dabei eine schöne Badegelegenheit am Donau-Altarm Greifenstein.

Greif an den Stein

Über uns thront die Burg Greifenstein, die im 11. Jahrhundert erbaut wurde und ein wichtiges Glied im Verteidigungssystem der Stadt Wien sowie des Donauraums darstellte. Sie verlor ihre militärische Funktion allerdings bereits nach der Eroberung durch die Türken 1529 und war dann lediglich noch eine Zeit lang ein kirchliches Gefängnis. Ab dem 19. Jahrhundert erfolgten dann Umbauten, um auch Greifenstein in eine klassische »Ritterburg« zu verwandeln.

Der Name geht der Sage nach auf den letzten Versuch eines Burgherrn zurück, sein Leben bei einem Treppen-

Burg Kreuzenstein

sturz zu retten. Er hatte einen Eid geschworen, dass er lieber sterben möge, als einen gefangenen Kaplan jemals wieder auf freien Fuß zu lassen. Als er Milde walten lassen wollte, kam er auf dem Weg ins Verlies ins Straucheln und beim Versuch nach einem rettenden Stein zu greifen, was jedoch misslang, stürzte er. Die Nachkommen legten nun die Hand auf den Stein und sprachen dabei die Worte *»so wahr ich greife an den Stein«*, wodurch Burg und Geschlecht den Namen Greifenstein erhielten.

Nach einem erfrischenden Bad und einer Burgbesichtigung geht es an der Donau weiter in Richtung Klosterneuburg und Wien, bis wir schließlich wieder zu unserem Ausgangspunkt retour radeln.

SEHENSWERTES

Bootsverleih: Die Alte Hafenschenke in Greifenstein wartet mit einer Tretbootvermietung, einem Jumping-Trampolin sowie mit ganztägig warmer Küche auf.

Badespaß: Kostenfreies Badevergnügen finden wir im Strandbad Greifenstein und im Strombad Kritzendorf. Eine Naturbadeplatz-Schwimmbad-Melange erwartet uns in Klosterneuburg.

Burg Kreuzenstein: Mittelaltergefühle und tieffliegende Greifvögel bewundern. *www.adlerwarte-kreuzenstein.at*

Burg Greifenstein: »Sagenhafte« Info zum Gemäuer gibts auf einer Schautafel vor dem Kraftwerk (Radwegkreuzung), denn zur Zeit wird die Burg renoviert. *www.burg-greifenstein.at*

Kunst am Bau: 30 bedruckte Bahnen verhüllen den Wiener Ringturm und werden auf rund 4.000 Quadratmetern zu einem monumentalen Gemälde.

©Spiller

Drive-in Galerie am Donaukanal

©Spiller

Am Sprung nach Greifenstein

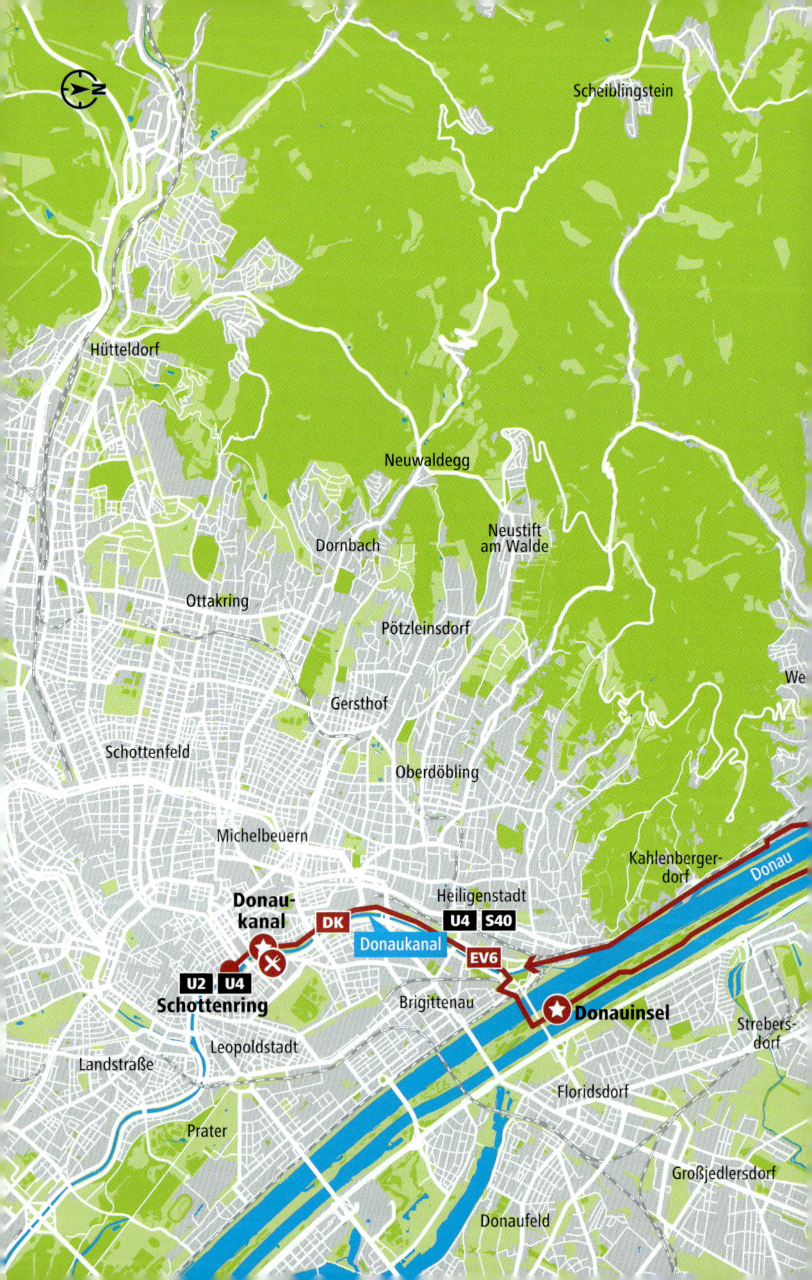

N
Scheiblingstein
Hütteldorf
Neuwaldegg
Neustift
am Walde
Dornbach
Ottakring
Pötzleinsdorf
We
Gersthof
Schottenfeld
Oberdöbling
Michelbeuern
Kahlenberger-
dorf
Donau
Donau-
kanal
Heiligenstadt
DK
U4
S40
Donaukanal
EV6
U2
U4
Schottenring
Brigittenau
Donauinsel
Strebers-
dorf
Leopoldstadt
Landstraße
Floridsdorf
Prater
Großjedlersdorf
Donaufeld

Wördern
Greifenstein-
Altenberg
S40
Burg
Greifen-
stein
Donau
Kraftwerk
Greifenstein
EV6
Stockerau
WVDR
S3/S4
Spillern
Maria Gugging
Hadersfeld
Höflein
Kierling
Unterrohr-
bach
Oberrohr-
bach
Kritzendorf
S40
EV6
sterneuburg
ift Kloster-
euburg
Burg
Kreuzen-
stein
S3/S4
Korneuburg
40
Fähre
WVDR
Leobendorf
Donau
EV6
Lang-
zersdorf
Bisamberg
Tresdorf
Harmannsdorf
Klein-Engersdorf
Stetten
Seebarn
mers-
orf
Hagenbrunn

Tour Transdanubia

Auf der Suche nach der Lebensart hinter dem Donaustrom

Heute starten wir am Praterstern, dem größten Kreisverkehr der Stadt und seit jeher ein wichtiger Verkehrsknotenpunkt. Hier fuhr die erste Pferdebahn im Bezirk und die erste elektrische Straßenbahn der Stadt Wien ratterte von hier zum Westbahnhof. Die Linie fährt noch heute, wenn auch mit höherem Tempo als vor rund 120 Jahren. Von den sieben abzweigenden Straßen wählen wir die Lassallestraße und folgen dem Radweg zur Reichsbrücke/Donauinsel.

START & ANREISE

1020 Wien, Praterstern/Lassallestraße
Linien U1, U2, S, REX › Praterstern

WEGVERLAUF

Praterstern › Kaisermühlen › Hirschstetten › aspern Seestadt › Essling › Lobau › Donauinsel › Praterstern

TOUR

42km (3½h) | R | 35hm
Flach, teilweise Schotter- und Waldwege, streckenweise urbaner Verkehr

Ein Symbol stürzt ein

1876 entstand im Zuge der Donauregulierung die Kronprinz-Rudolf-Brücke, die 1919 in Reichsbrücke umbenannt wurde. Aufgrund des gestiegenen Verkehrsaufkommens wurde 1937 an ihrer Stelle die zweite Reichsbrücke als Kettenbrücke errichtet, die bereits zwei Fahrbahnen für Autos, weitere zwei Richtungsgleise für die Bim und auf jeder Seite einen Gehweg anbot. Sie wurde zu einem Wiener Wahrzeichen und Mythos, da sie als einzige Donaubrücke zwischen Linz und Wien den II. Weltkrieg überstand. Am 1. August 1976 registrierte man auf der Hohen Warte seismographische Ausschläge wie bei einem Erdbeben: Die Reichsbrücke war eingestürzt. Der Handelskai wurde von gerissenen Wasserrohren überschwemmt, man befürchtete Explosionen wegen der Gasleitungen in der Brücke und ein Verkehrschaos sowohl neben, als auch auf der Donau. Einige Stunden später verunglückte noch Niki Lauda auf dem Nürburgring. Was für ein bewegter Tag!

Für unsere Tour überqueren wir also die Donauinsel und verlassen die Reichsbrücke mit ihrer bewegten Geschichte erst wieder am anderen Donauufer in Richtung Lobau/Praterbrücke. An der Donaustadtbrücke sehen wir zu unserer rechten den

Wiener Wakeboardlift. Hier überqueren wir linkerhand die Autobahn und fahren dann an der Alten Donau entlang, bis wir links das Gänsehäufel sehen können.

Das *Gänsehäufel* ist das meistbesuchte Wiener Sommerbad – an schönen Sommertagen werden bis zu 30.000 Gäste gezählt. Aufgrund schwerer Kriegsschäden wurde das Bad in den 50er Jahren vollkommen neu aufgebaut und seitdem hervorragend erhalten. Die Kombination aus Architektur und dem speziellen Gänsehäufel-Flair ist ein »must see« an einem heißen Sommertag. Hier biegen wir rechts in die Lange Allee ein und folgen dieser, bis uns ein Radwegschild nach links Richtung Genochplatz weist. Diesen Schildern folgen, bis wir zur Schnellbahnstation Erzherzog-Karl-Straße kommen. Wir nehmen die Unterführung zu den Bahnsteigzugängen und schieben dann unser Rad den Aufgang Dr.-Otto-Neurath-Gasse hinauf. Wieder aufgesattelt, halten wir uns links und erreichen ruck-zuck die *METAStadt* – das Gelände einer stillgelegten Turbinenfabrik aus dem frühen 20. Jahrhundert.

©Spiller

Alte Donau

Industriecharme

Heute ist die *METAStadt* eine Eventlocation für einen wöchentlichen Flohmarkt, für Konzerte, Kongresse und Messen. Den Flohmarkt in den großen Hallen sollte man nutzen und ein wenig herumstöbern oder zumindest das bunte Angebot der Foodtrucks durchkosten.

Frisch gestärkt fahren wir den Radweg der Stadlauer Straße entlang, bis zu einer größeren Kreuzung, dann geradeaus weiter auf der Süßenbrunner Straße, bis wir bei einem Wegweiser Richtung Badeteich Hirschstetten rechts abbiegen. Es geht am Zaun der *Blumengärten Hirschstetten* entlang – auf Höhe der Straßenbahnstation befindet sich der Eingang.

Hirschstetten: Gärten & Badeteich

Diese Gärten wurden von der Stadt Wien angelegt, um selbst die im öffentlichen Raum benötigten Pflanzen zu ziehen. Als die Anlage immer größer wurde, beschloss man sie für Besucher zu öffnen und auch thematische Bereiche anzulegen. Schließlich zogen sogar einige Tiere in der Anlage ein. Nach einem Besuch im Garten der Provence, dem indischen Garten oder einem kurzen Urlaub auf dem Bauernhof fahren wir die Straße weiter, halten uns links und sehen bald zu unserer linken den Badeteich Hirschstetten. Wer hier ein paar Züge schwimmt, ist am besten Weg zu seinem persönlichen Mini-Triathlon. Es geht weiter die Straße entlang, bis wir bald in die Berresgasse einbiegen. Ab hier halten wir uns an die Wegweiser in Richtung Aspern, bis wir zur U-Bahntrasse kommen. Diese unterqueren wir, radeln dann auf der anderen Seite bis zur Kreuzung leicht bergauf und haben ein neues Ziel: *aspern Seestadt*.

In der Johann-Kutschera-Gasse folgen wir nicht dem Wegweiser Richtung Neuessling, sondern strampeln geradeaus weiter bis zum zweiten Linksabbiegezweig und folgen dem Straßenverlauf zur Seestadt.

See findet Stadt

aspern Seestadt ist eines der größten Stadtentwicklungsgebiete Europas und liegt auf dem ehemaligen Flugfeld Aspern, dem Wiener Flughafen der Zwischenkriegszeit. Hier soll bis über 2030 hinaus Wohnraum und Arbeitsplätze für 40.000 Menschen entstehen.

Großer Wert wird auf öffentlichen Raum und eine Kombination von Wohnen und Arbeiten gelegt. Durch ein durchdachtes Konzept der Ansiedlung von Park- und Verkaufsflächen, Freizeiteinrichtungen und auch sozialen Treffpunkten bietet die Stadt den

©Spiller

Flohmarkt METAStadt

Bewohnerinnen und Bewohnern einen Lebensraum, der weit über einen Stadtteil mit guter öffentlicher Anbindung hinausgeht.

Im Zentrum der Seestadt befindet sich der namensgebende künstliche See, der allerdings deutlich kleiner ist, als der sogenannte »Teich« in Hirschstetten. Nach einer kleinen Pause, mit den Füßen im Wasser und einem Getränk in der Hand, geht es nun zurück Richtung »Cisdanubien«.

Von der U-Bahnstation folgen wir der Seestadtstraße bis zu einer größeren Rechtskurve, hier biegen wir in den kleinen Weg nach links ein, gelangen zur Niklas-Eslarn-Straße und radeln von da aus zum Telephonweg.

Ein kleiner Abstecher beim Ab-Hof-Verkauf *Blün* in der Schafflerhofstraße 156 lohnt sich allemal. Hier verkaufen sehr nette Menschen eigene und hochwertige Produkte anderer Biohöfe Wiens. Die Schaffler-

Grüne Oase

hofstraße erreichen wir über die Niklas-Eslarn-Straße (Öffnungszeiten: *www.bluen.at*).

Mit vollen Taschen geht es den Telephonweg weiter nach Süden, bis wir kurz vor Ende des Weges in die Simonsgasse links einbiegen. Ab da fahren wir aber gleich wieder rechts in die Schlosspromenade hinein, denn unser Weg führt weiter auf der Esslinger Hauptstraße ein kleines Stück nach links. Hier halten wir uns rechts und an die Schilder, die uns den Weg weiter in Richtung der Lobau weisen. Diese erreichen wir beim *Gasthaus Hansi*, das wir mit oder ohne Jausenunterbrechung dann in Richtung Vorwerk verlassen.

Jetzt gehts weiter Richtung Wien/Donauinsel. Wir radeln am Ufer entlang der Neuen Donau und wechseln bei der Steinspornbrücke auf die Donauinsel, wo wir den Schildern in Richtung Prater folgen. Nach einer letzten Rechtskurve präsentiert sich die Hauptallee als 3km lange Zielgerade einer abwechslungsreichen Tour durch »Transdanubien«, die wieder am Praterstern endet.

SEHENSWERTES

Shöpping: Der Blün Hofladen verkauft beste Milchprodukte, frische Eier und knusprige Backwaren. *www.bluen.at*
Kultiger Indoor Flohmarkt auf dem Fabriksgelände der METAStadt.
www.metastadt.at/metamarkt

Wildwasseranlage: White Water Rafting und Kayakfahren auf der Donauinsel.
www.viennawatersportsarena.at

aspern Seestadt: Das Pionier-Quartier rund um den Hannah-Arendt-Park bekam 2019 den Staatspreis für Architektur und Nachhaltigkeit. Unbedingt ansehen!
www.aspern-seestadt.at

Rund ums Rad in der Seestadt:
Fahrradshop mit Café, Werkstatt und Kinderradabo, *www.unitedincycling.com*
Fahrradshop, Service und Reparaturen
www.dr-bike.at
Buchhandlung mit Fahrradlieferung und Beratung, *www.seeseiten.at*

Hannah-Arendt-Park in der Seestadt

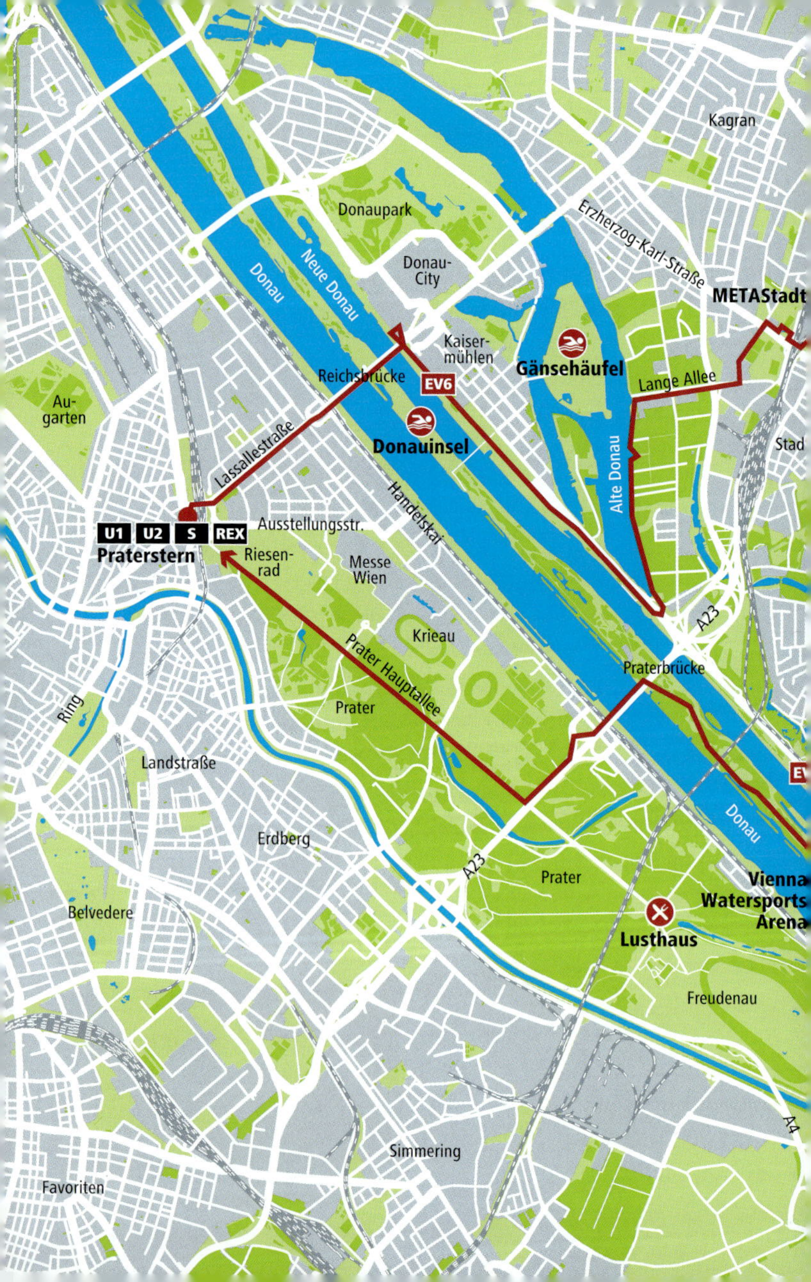
Kagran
Donaupark
Erzherzog-Karl-Straße
Donau-City
METAStadt
Donau
Neue Donau
Kaiser-mühlen
Gänsehäufel
Reichsbrücke
EV6
Lange Allee
Au-garten
Donauinsel
Stad
Lassallestraße
Alte Donau
Handelskai
U1
U2
S
REX
Praterstern
Ausstellungsstr.
Riesen-rad
Messe Wien
A23
Krieau
Prater Hauptallee
Praterbrücke
Ring
Prater
Landstraße
Donau
Erdberg
A23
Prater
Vienna Watersports Arena
Belvedere
Lusthaus
Freudenau
A4
Simmering
Favoriten

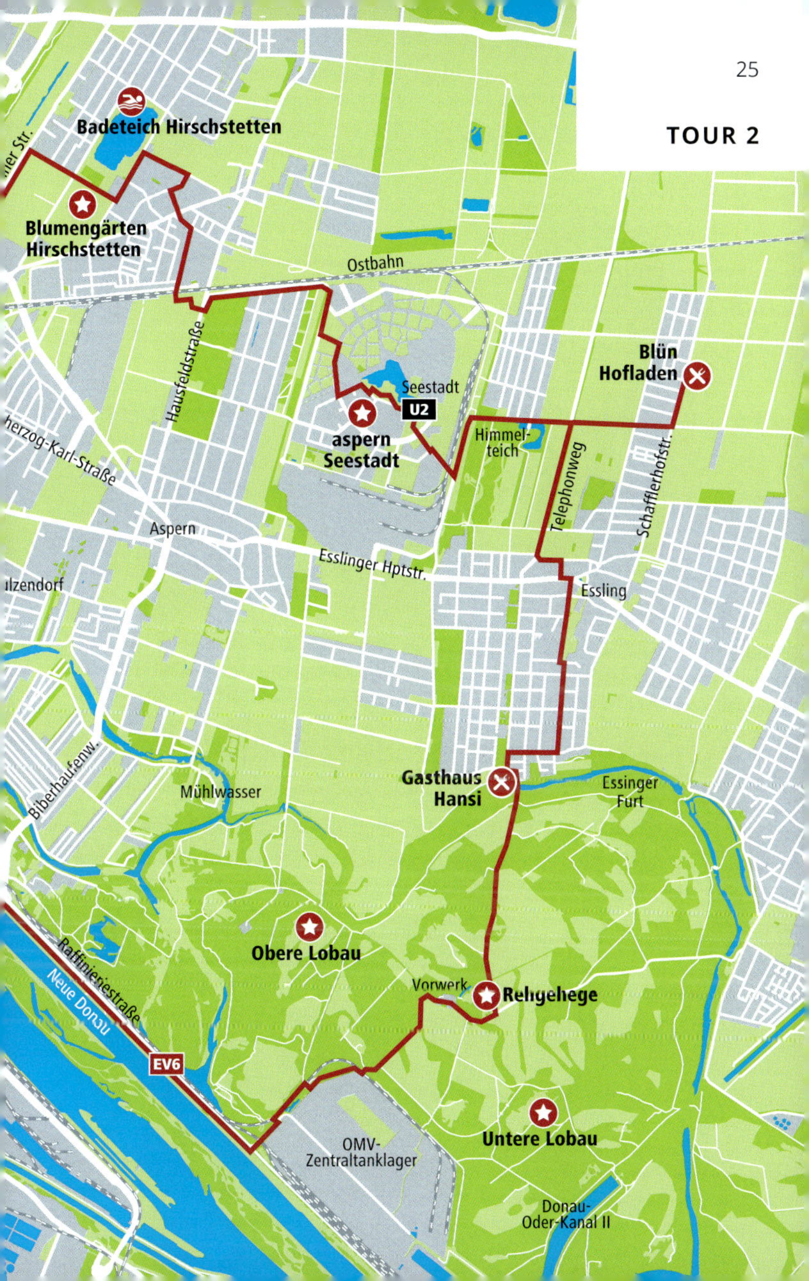
Badeteich Hirschstetten
Blumengärten Hirschstetten
Ostbahn
Hausfeldstraße
Seestadt
U2
aspern Seestadt
Blün Hofladen
Himmelteich
Telephonweg
Schafflerhofstr.
herzog-Karl-Straße
Aspern
Esslinger Hptstr.
Essling
lzendorf
Biberhaufenw.
Mühlwasser
Gasthaus Hansi
Essinger Furt
Obere Lobau
Raffineriestraße
Neue Donau
Vorwerk
Rehgehege
EV6
OMV-Zentraltanklager
Untere Lobau
Donau-Oder-Kanal II

UNIQA

Street & Art

Bilder sagen mehr als 1000 Worte

Wien entwickelt sich. Neue Kultur entsteht, verschwindet und entsteht neu. Das ist das Wesen eines Stadtbildes und auch das Wesen von Streetart. Es kann daher sein, dass unsere Bilder längst verschwunden sind und Du vielleicht neue spannende Kunstwerke an den von uns besuchten Orten entdecken wirst.

START & ANREISE
1070 Wien, Burggasse 1
Linie U3 (U5 ab 2026) › Volkstheater

WEGVERLAUF
Museumsquartier › Mariahilf › Wienzeile › Fünfhaus › Westbahnhof › Spittelau › Donaukanal › Karmelitermarkt

TOUR
22km (2h) | S | 95hm
Größtenteils flach, Asphaltwege, urbaner Verkehr

Gentrifizierter Biedermeier am Spittelberg

Wir starten heute im Museumsquartier (Details: Tour 4). Auf dem Gelände ist zwar Radfahren nicht gestattet, aber Du solltest Dich hier trotzdem ein wenig umsehen, denn es gibt jede Menge Kunst im öffentlichen Raum und schließlich auch die *Streetart Passage* zu entdecken. Radelnd starten wir auf der Mariahilfer Straße und erreichen bald über Karl-Schweighofer-Gasse, Siebensterngasse und Kirchberggasse den Gutenbergpark. Hier befindet sich *250k · The Mother* vom portugiesischen Künstler HUARIU. Er hat hier im Rahmen des *Calle Libre*-Festivals 2019 ein Kunstwerk zur Mahnung an 250.000 Kindersoldaten weltweit geschaffen und dieses als Symbol des Widerspruchs gegenüber einem Kinderspielplatz positioniert. Anschließend fahren wir retour zur Siebensterngasse, wo wir bis zur Neubaugasse bleiben und unter anderem an den Häusern 20 (Aiko), 30-32 (Perkup) und 58 (L.M. De La Cruz) interessante Werke zu sehen bekommen. Die letzten beiden Bilder zeigen die interessante Entwicklung, die Streetart genommen hat: Von der einst zerstörerischen Kraft des Graffito, über eine dekorative Lokalfront, hin zu einer kuratierten Wand, auf der Kunst und Kommerz in Form von Werbung verschwimmen.

Wiens Berlin-Mitte: Neubau

Über die Neubaugasse gelangen wir

in die Westbahnstraße, dann rechts in die Bandgasse an deren Ende sich der Karl-Farkas-Park befindet. Hier haben wir unter anderem *Stimulation* der Weißrussin Yu-Baba gesehen, das sie gemeinsam mit ihrem Mann KeyDetail für das *Calle Libre 2016* gemalt hat. Direkt daneben befindet sich eine weitere Gemeinschaftsarbeit: Hierfür zeichnen sich Rodrigo Branco aus Brasilien und der Österreicher RUIN verantwortlich. Während der Brasilianer gerne Stadtgesichter sprayt, legt RUIN in der Stadt einen eigenen Zoo aus realen und surrealen Tieren an. Wir fahren nun die Burggasse weiter bis zur Neubaugasse und hier bergan, bis wir rechts in die Lindengasse abbiegen. Dieser folgen wir bis zur Andreasgasse, wo wir im gleichnamigen Park zwei riesige Kunstwerke hinter den Bäumen erahnen: Milos schwarzweiß gehaltene Stadtlandschaft, über die ein übergroßer Bub steigt, und eine comichafte Anhäufung von Alltagsgegenständen des Tirolers HNRX.

Calle Libre 2015

Von hier fahren wir weiter zur Mariahilfer Straße, wo wir uns links halten und an der Ampel rechts in die Schadekgasse einbiegen. Auf der rechten Seite sehen wir ein Großformat des Belgiers ROA, der in zahlreichen Städten seine detailgetreuen Tiermotive verwirklicht hat. Die Auswahl der Tiere erfolgt bei ihm im Einklang mit der Stadt oder der Umgebung, die er gestaltet. Oftmals spielt er mit einer Kombination aus Leben und Tod. Leider wurde der untere Teil des Bildes bald übersprayt, unter anderem vom mit zahlreichen Schriftzügen in Wien vertretenen Schweizer Puber, der für die destruktive Seite des Graffiti steht.

Wir lassen nun das Haus des Meeres und das Apollo Kino rechts liegen und radeln bergab in die Kaunitzgasse (Bilder auf Nr. 12 und 17). Hier biegen wir dann bald scharf links ab in die Magdalenenstraße, wo sich gleich links in unserem Rücken eine große Arbeit von EVOCA1 befindet, dessen Kunst sich an Techniken der alten Meister orientiert. Im Gegensatz dazu finden sich auf den Rollbalken des Naschmarkts die unterschiedlichsten und eher wilden und ursprünglichen Graffiti. Hier musst Du selbst auf Entdeckungsreise gehen, da die Bemalungen sich häufig ändern und viele Bilder nur bei geschlossenen Marktständen und also späterer Uhrzeit sichtbar sind. Auf dem Weg zum Wientalradweg können wir auf Höhe des U-Bahn-Pavillons in unserem Rücken eine schöne Arbeit von Ener Konings sehen. Der Norweger gestaltet meist Bilder von Frauen auf oftmals besonders vergänglichen oder unauffälligen urbanen Oberflächen.

Margareten & Mariahilf

Für einen kurzen Abstecher in die kreativ gestaltete Christophgasse verlassen wir den Wientalradweg, befahren ihn danach wieder bis zur Wackenroderbrücke, wo wir dann den Wienfluss überqueren, um über die Morizgasse und die Mollardgasse zur Hornbostelgasse zu gelangen. Hier erwartet uns Streetart von jana&js, einem österreichisch-französischen Künstlerpaar. Weiter geht es ein kleines Stück über die Gumpendorfer Straße stadtauswärts am Arik-Brauer-Haus vorbei bis zum Gürtelbogen 6, wo es auf beiden Seiten häufig wechselnde Streetart zu sehen gibt.

Rudolfsheim-Fünfhaus

Wir orientieren uns nun in Richtung 15. Bezirk und folgen der Ullmannstraße bis zur Stiegergasse. Wir überqueren die Sechshauser Straße und halten uns bis zur Herklotzgasse auf der Geibelgasse. In der Reindorfgasse, einer charmanten kleineren Einkaufsstraße gibt es erneut Kunstwerke zu entdecken. In der Schwendergasse müssen wir uns grundsätzlich links halten, jedoch lohnt sich ein kurzer Abstecher nach rechts, da hier eine ganze Häuserzeile immer wieder neu gestaltet wird. Danach bewegen wir uns in die entgegengesetzte Richtung zum kleinen lohnenswerten Schwendermarkt und folgen dann der Mariahilfer Straße bis zum Westbahnhof.

Hier halten wir uns links auf dem Gürtelradweg bis zur U-Bahnstation Josefstädter Straße, wo wir den Mittelstreifen nach links zum äußeren Gürtel verlassen (Abstecher zu Hernalser Gürtel 13), um über die Schell-

Longboard-Abfahrt zum Donaukanal

hammergasse den Brunnenmarkt zu erreichen.

Bittersüßes Ottakring

Kuratierte und freie Streetart, sowie das lebhafte Lokal- und Markttreiben lohnen eine längere Pause. Danach radeln wir über die Payergasse und die Thelemangasse retour zum Gürtelradweg in Richtung Donaukanalradweg.

Ranzig-cooler Bruder der Donau

Nirgendwo in Wien gibt es so viel gesprayte Kunst zu sehen wie am Donaukanal, dem kreativen Zentrum der Wiener Streetartszene. Hier kann man vor allem am Wochenende auch oft Künstlern live beim Arbeiten zuschauen und hautnah miterleben, wie diese lebendige Kunst entsteht.

Wir folgen dem Kanal bis zur Auffahrt bei der Salztorbrücke (beim Raiffeisengebäude). Dort folgen wir dann der Hollandstraße, radeln an der großformatigen Absolut Werbung im Streetart-Style des Grazers SIZETWO vorbei und gelangen zum Karmelitermarkt, wo wir den Radtag stilecht im Herzen des trendigen zweiten Bezirks ausklingen lassen.

SEHENSWERTES

Infocenter U2xU5: Einen Blick in die Wiener Unterwelt gestattet die interaktive Ausstellung, die rund um die Entstehung von U-Bahn-Strecken keine Fragen offen lässt. *Burggasse 1, 1070 Wien*

Regionales & Exotisches für unterwegs: Naschmarkt, Schwendermarkt, Brunnenmarkt und Karmelitermarkt

Mehr Wissenswertes und Bemaltes: Die Street Art Passage Vienna zeigt einerseits Arbeiten des französischen Künstlers Invader und anderseits wechselnde Ausstellungen internationaler und lokaler Streetart- und Graffiti-KünstlerInnen. *www.betonblumen.org*

Vienna Murals: Hier gibts die Streetart Guides für europäische Großstädte. *www.streetartbooks.eu*

Retter in der Not: Gumpendorfer Fahrrad Cooperative mit Schlauch-Automat. *www.fahrrad.co.at*

©Spiller

Bunter Brunnenmarkt

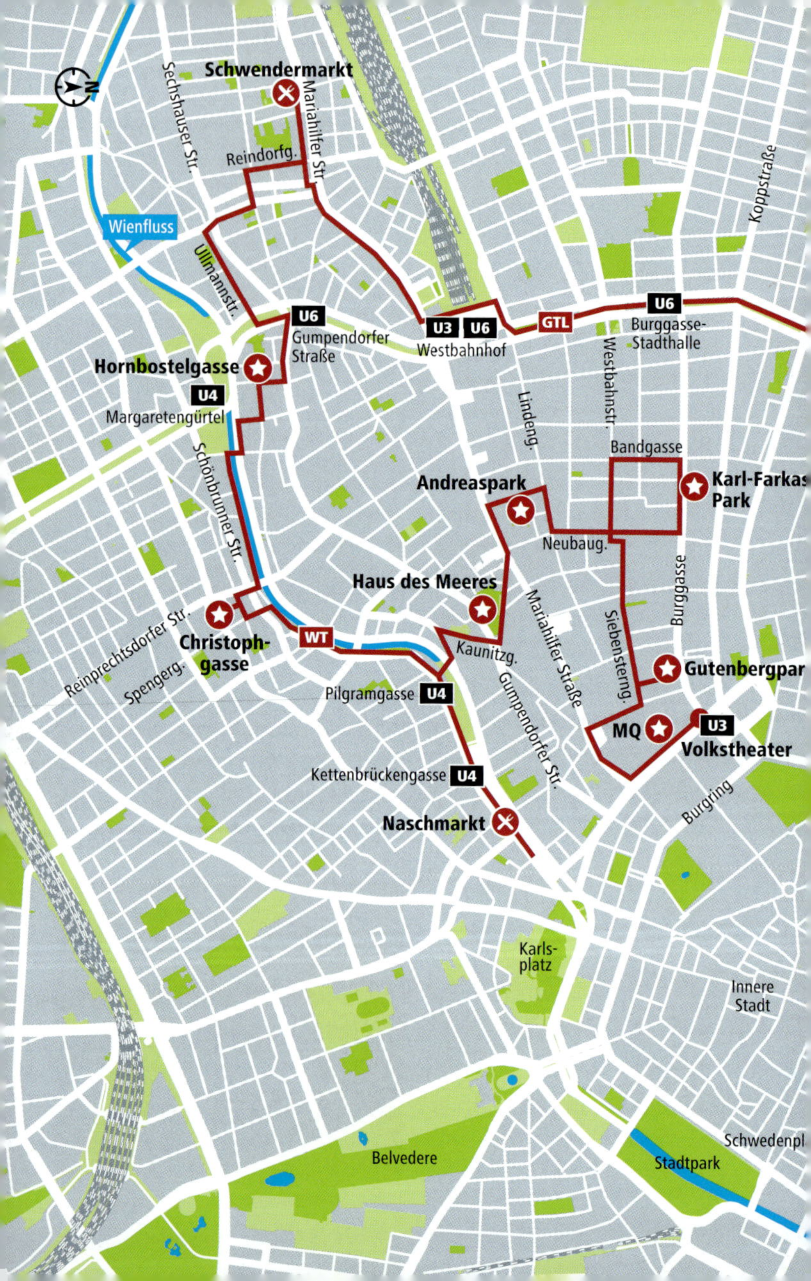

Schwendermarkt
Sechshauser Str.
Mariahilfer Str.
Reindorfg.
Wienfluss
Ullmannstr.
U6
Gumpendorfer Straße
U3 U6
Westbahnhof
GTL
U6
Burggasse-Stadthalle
Koppstraße
Hornbostelgasse
U4
Margaretengürtel
Westbahnstr.
Lindeng.
Bandgasse
Andreaspark
Karl-Farkas Park
Neubaug.
Schönbrunner Str.
Haus des Meeres
Burggasse
Mariahilfer Straße
Siebensterng.
Christophgasse
Reinprechtsdorfer Str.
Spengerg.
WT
Kaunitzg.
Gumpendorfer Str.
Gutenbergpar
Pilgramgasse
U4
MQ
U3
Volkstheater
Kettenbrückengasse
U4
Naschmarkt
Burgring
Karlsplatz
Innere Stadt
Belvedere
Schwedenpl
Stadtpark

Ottakringer Str.
Brunnenmarkt
dter
U6
Alser Straße
Alser Straße
AKH Wien
U6
Währinger Straße Volksoper
Währinger Straße
Nußdorfer Straße
U6
Liechtensteinstr.
Spittelau
U4
U6
Müllverbrennungsanlage
DK
Friedens-brücke
U4
Donaukanal
Roßauer Lände
U4
Schottenring
U2
U4
Augarten
Holland-straße
Karmelitermarkt
Taborstr.

Prominente Bauten

Moderne Architekt(o)ur erradeln

Vermeintlich unpassend starten wir für unsere *Moderne Architekt(o)ur* mitten im historischen Zentrum Wiens – am Stephansplatz. Hier hatte es die zeitgenössische Architektur traditionell schwer und seit ewigen Zeiten wird dem Stil des »Alt-Wien« nachgetrauert. Direkt vis-a-vis des Stephansdoms steht eines der markantesten und aufgrund der prominenten Lage wohl auch zu seiner Zeit umstrittensten Gebäude – das *Haas-Haus*. Es ist das dritte *Haas-Haus* an dieser Stelle. Das erste wurde in den 1860er Jahren gebaut und war das erste Kaufhaus der Stadt – das Teppichhaus Haas. Ende des 2. Weltkriegs setzten Nazitruppen das Gebäude in Brand und es folgte an seiner Stelle ein 50er-Jahre-Zweckbau. In den späten 80er Jahren dann wurde aufgrund der schlechten Nutzbarkeit des Gebäudes und der wenig repräsentativen Fassade der jetzige Neubau vom Pritzker-Preisträger Hans Hollein entworfen und umgesetzt. Nachdem man das ursprüngliche Nutzungskonzept mit kleinteiligen Shopflächen abgelehnt hatte, wurde 2002 wieder erneuert und seitdem präsentiert sich das Haus in seiner aktuellen Optik.

START & ANREISE
1010 Wien, Stephansplatz
Linien U1, U3 › Stephansplatz

WEGVERLAUF
Stephansplatz › Donaukanal › Prater › Donau-City › Georg-Danzer-Steg › Spittelau › Donaukanal › Volkstheater

TOUR
22km (2h) | S | 155hm
Durchwegs flach, Asphaltwege, urbaner Verkehr

Für uns geht es die Begegnungszone Rotenturmstraße bergab, bis zum *Motto am Fluss*, das einem im Hafen liegenden Schiff nachempfunden ist und bei dem es sich eigentlich um ein Terminal für den Twin City Liner nach Bratislava handelt. Am anderen Ufer des Kanals sehen wir den *Generali Media Tower* (H. Hollein) und den *Design Tower* (J. Nouvel), die beide leicht zueinander geneigt ein Tor zum zweiten Bezirk bilden. Wir orientieren uns in Richtung des *Uniqa Towers* (H. Neumann), der vor allem bei Dunkelheit mit seiner Medienfassade aus über 160.000 LEDs beeindruckt. Wir biegen nun auf den Ring und radeln ein kurzes Stück bis zum Georg-Coch-Platz.

Modernes Meisterwerk in 2. Reihe

Hier steht Otto Wagners Schlüsselwerk der europäischen Moderne – die *Österreichische Postsparkasse*. Besonders beeindruckend ist der große Kassensaal, den man sich unbedingt ansehen sollte. Wagner arbeitete hier mit hochwertigen Materialien, mit schlichter Ästhetik, aber hoher Symbolkraft. Die Nieten in der Fassade betonen den modernen Charakter des Gebäudes und vermitteln den Eindruck, die darin liegenden Werte zu beschützen. Nach Auszug der Bawag PSK soll hier nun ein Wissenschaftscampus entstehen. Wir fahren ein kleines Stück am Ring weiter, biegen vor dem *MAK* links ein, folgen der Marxergasse, wo wir uns dann links an der Bahn entlang halten, bis wir die Untere Weißgerberstraße erreichen.

Dunkelbunt im Dritten

In ihrem weiteren Verlauf treffen wir erst das *Kunsthaus* und anschließend auf Höhe der Kegelgasse das *Hundert-*

Hundertwasserhaus

wasserhaus. Das *Hundertwasserhaus* ist ein Mietshaus der Gemeinde Wien und kann nicht von innen besichtigt werden. Von außen sieht man hier allerdings das von Hundertwasser propagierte Fensterrecht und zahlreiche der 250 Bäume und Sträucher, die 1985 auf dem Haus gepflanzt wurden. Es ist das erste und bekannteste Gebäude, das Hundertwasser gestaltete.

Wir radeln auf der Unteren Weißgerberstraße weiter und biegen an deren Ende links in Richtung Prater ab. Hier gehts nun immer geradeaus über die Hauptallee und dann zum Campus der neuen *Wirtschaftsuniversität*.

Hadids Highlight

Der WU-Campus wurde 2013 eröffnet, nachdem über die Einzelprojekte im Rahmen eines internationalen Wettbewerbs entschieden worden war. Sechs Architekturbüros aus aller Welt haben schließlich den Zuschlag für die unterschiedlichen Gebäude erhalten. Herzstück ist das *Library & Learning Centre* von Zaha Hadid. Der Bibliothekskristall mit dem riesigen Monitorfenster und seiner schwindelerregenden Geometrie ist ein absolutes Highlight. Nach einem kleinen Spaziergang über den Campus radeln wir weiter über Ausstellungsstraße, Schrotzbergstraße und Ilgplatz in die Hillerstraße. In der Engerthstraße folgen wir dieser am Radweg nach links zum Mexikoplatz mit der mächtigen *Franz-von-Assisi-Kirche*. Erbaut im rheinisch-romanischen Stil wurde sie 1913 eröffnet, um auf dem nach der Donauregulierung neu geschaffenen Stadtgebiet auch über eine standesgemäße Kirche zu verfügen.

Nun wechseln wir über die Reichsbrücke (Tour 2) nach Transdanubien.

Transdanubische Türme

Auf dem Radweg links haltend erreichen wir die *UNO-City* (VIC). Österreich bot der UNO 1967 an, einen per-

©Spiller

Wirtschaftsuniversität Wien

manenten Amtssitz zu bauen und ihr zur Verfügung zu stellen. Nach einem internationalen Wettbewerb mit 656 teilnehmenden Büros baute schließlich der Viertplatzierte im Wettbewerb, Johann Staber, sechs markante Y-förmige Bürotürme. Es handelte sich um einen Architekten, dessen größte Vorleistung der Bau einer Volksschule in Schrems war. Das internationale Medienecho war wenig schmeichelhaft, aber Stablers Entwurf punktete durch die geniale Form und Anordnung der Gebäude mit zahlreichen belichteten Büros und geringem Schatten, den die Türme aufeinander werfen. Es sollte sein einziges großes Projekt bleiben. Ein Modell der *UNO-City* in seinem Büro konnte nur gerettet werden, weil die Arbeiter der Räumungsfirma nach seinem Tod so aufmerksam waren, das Bundesdenkmalamt zu verständigen. Inzwischen steht die *UNO-City* nicht mehr allein auf der grünen Wiese. Wir fahren an der *Donaucity-Kirche* (H. Tesar) vorbei

Donau-City

in Richtung des *DC Tower 1* (Dominique Perrault). Noch ist das höchste Gebäude Österreichs (den Donauturm ausgenommen) mit 220m und 30m Antenne ein einsamer Turm. Geplant wurde es als unterschiedlich hohe Zweierkonstellation, die einen gespaltenen Monolithen und ein Tor zum Stadtteil darstellt. Die Strukturen der Fassaden sollen sowohl an den naheliegenden Donaustrom erinnern, als auch den dann geschaffenen Zwischenraum bewegen.

Wir radeln weiter zur Donauinsel, auf dieser rechts haltend, bis zur U-Bahnstation Neue Donau und dann über den Georg-Danzer-Steg zum Handelskai. Hier folgen wir dem Radweg am *Millennium Tower* (Peichl, Podrecca, Weber) vorbei in Richtung Spittelau.

Dunkelbunt meets Zaha Hadid

Wir passieren zahlreiche Gemeindebauten bis wir den Donaukanal erreichen. Nach Überquerung des Spitellauer Stegs sticht uns sofort die von Friedensreich Hundertwasser markant verzierte *Müllverbrennungsanlage* ins Auge. Der damalige Bürgermeister Helmut Zilk bat den Künstler Ende der 80er Jahre die Anlage zu gestalten. Hundertwasser hatte Bedenken, ließ sich aber dann doch überzeugen.

Wir folgen der Rampe links hinunter auf den Donaukanal und fahren unter dem *Zaha-Hadid-Haus* hindurch. Bevor es stromabwärts weitergeht, sind Haus und Streetart durchaus einen Linksschwenk wert. Hier zeigte sich, dass stadtplanerische Ideen auch mit prominenter Unterstützung nicht im-

UNO-City

Millennium Tower

mer funktionieren müssen. Das Haus war als Teil einer Aufwertung dieses Abschnitts des Donaukanals mit Wohnraum, Gastronomie und gewerblicher Nutzung geplant. Fehlende Infrastruktur, sowie Änderungen der Planung, die Zaha Hadid dazu brachten, sich vom Projekt zu distanzieren, sowie die Lage zwischen einer 24/7 belebten Einfallstraße, ließen das Gesamtkonzept zu einem grandiosen Misserfolg werden, der in einem mehr als zehnjährigen Leerstand endete. Unsere Tour führt weiter zur Augartenbrücke (vor dem Ringturm), dann auf dem Ring entgegen des Uhrzeigersinns bis zum Platz zwischen Kunst- und Naturhistorischem Museum, den wir am Maria-Theresia-Denkmal vorbei in Richtung Museumsquartier überqueren.

Marstall – Messepalast – MQ

Einst als Stallungen der kaiserlichen Pferde gegenüber dem Burgtor erbaut, die Gebäude dann zum Messe-

Zaha-Hadid-Haus

palast adaptiert und schließlich als ein Areal für Kunst und Kultur errichtet – die Rede ist vom Museumsquartier. Fischer von Erlachs Winterreithalle bildet eine Spange für die Neubauten des *Leopold Museums*, der *Kunsthalle* und des *Mumoks*.

In einem der zahlreichen Lokale oder auf einem der »Vienas« (Enzis/Sitzgelegenheiten) zwischen den Museen können wir nun entweder den Radtag gemütlich ausklingen lassen oder eine Pause einlegen, um danach als würdigen Tagesabschluss die Dauerausstellung *a_schau* über die Österreichische Architektur des 20. und 21. Jahrhunderts im *Architekturzentrum Wien AzW* zu besuchen. Wer immer noch Bewegungsdrang verspürt, kann nun Tour 3 anhängen.

SEHENSWERTES

Multisports: Badestopp am Kaiserwasser oder Ganzkörpertraining im Kletterpark. *www.kletterpark-donauinsel.at*

Kunst- und Kulturgenuss für unterwegs:
Museum für angewandte Kunst, *www.mak.at*
Kunst Haus Wien, *www.kunsthauswien.com*
Fälschermuseum, *faelschermuseum.com*
Kunsthistorisches Museum, *www.khm.at*
Museumsquartier, *www.mqw.at*

Weibliche Architektur: Sowohl das *Bibliotheksgebäude* am Campus der WU Wien, als auch das *Zaha-Hadid-Haus* am Donaukanal stammen von der irakisch-britischen Architektin Zaha Hadid. Internationales Aufsehen erregte sie erstmals 1982 mit dem Entwurf für den Erholungspark *The Peak Leisure Club* in Hongkong. Viele ihrer Erfolge wurden in Wien entworfen, denn Hadid unterrichtete 15 Jahre lang an der Universität für angewandte Kunst. Sie erhielt 2004 als erste Frau den bedeutenden *Pritzker Architektur-Preis*.

©Spiller

Mumok im Museumsquartier

©AdobeStock/Vlada

Fassade WU Wien

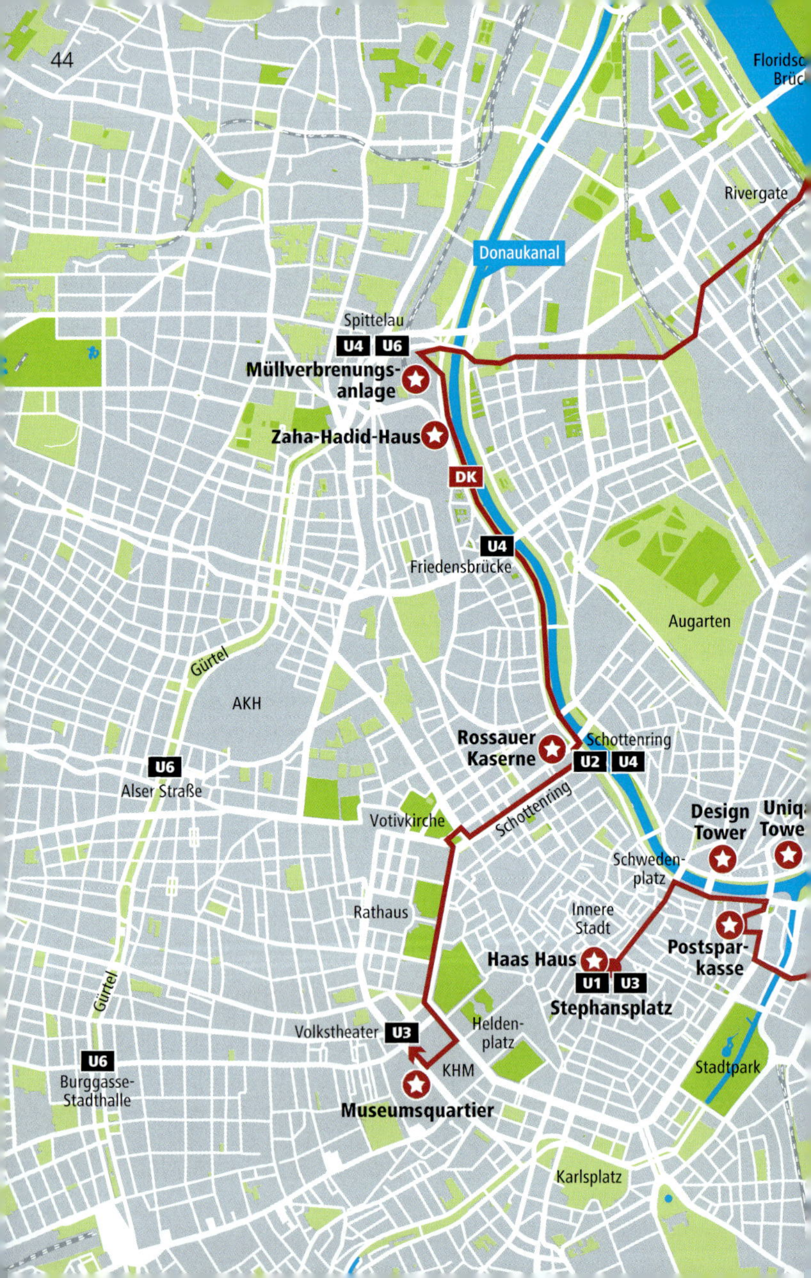
Floridsc
Brüc
Rivergate
Donaukanal
Spittelau
U4 U6
Müllverbrenungs-
anlage
Zaha-Hadid-Haus
DK
U4
Friedensbrücke
Augarten
Gürtel
AKH
Rossauer
Kaserne
Schottenring
U2 U4
U6
Alser Straße
Votivkirche
Schottenring
Design
Tower
Uniq
Towe
Schweden-
platz
Rathaus
Innere
Stadt
Haas Haus
U1 U3
Stephansplatz
Postspar-
kasse
Gürtel
Volkstheater
U3
Helden-
platz
KHM
U6
Burggasse-
Stadthalle
Museumsquartier
Stadtpark
Karlsplatz

U6 Neue Donau
Moschee
Alte Donau
A22
Donaupark
EV6
UNO-City
Donau-City
U1
Kaisermühlen
DC-Tower 1
Wohnpark
Neue Donau
Gänsehäufel
Donauinsel
Mexikoplatz
Vorgartenstraße
Engerthstraße
Donau
Neue Donau
Ausstellungsstr.
U2
Messe-
Prater
Wurstel-
prater
WU Wien
Viertel
Zwei
Donaukanal
Hauptallee
Krieau
Sport-
zentrum
Hundert-
wasserhaus
Hauptallee
Prater
Stadionbad

Rotes Wien

Vorwärts in eine neue Zeit – 100 Jahre Gemeindebau

Mit »Rotes Wien« bezeichnet man einen weltweit einzigartigen Versuch: Zwischen 1919 und 1934 verfolgte die sozialdemokratische Stadtregierung nicht nur ein kommunales Wohnbauprogramm, sondern den Aufbau einer alle Lebensbereiche umfassenden politischen Utopie, die sich in öffentlichen Bauten manifestierte. So können wir heute neben den stadtbildprägenden Gemeindebauten des *Roten Wien* noch zahlreiche Gebäude des öffentlichen Lebens bewundern.

START & ANREISE
1010 Wien, Schottenring
Linien U2, U4 › Schottenring

WEGVERLAUF
Schottenring › Landgutgasse › Gürtelradweg › Spittelau › Brigittenau › Nordbrücke › Heiligenstadt

TOUR
19,2km (1¾h) | S | 90hm
Durchwegs flach, Asphaltwege, urbaner Verkehr

Vom Hygienepalast…

Wir starten unsere heutige Tour am Reumannplatz im Herzen des 10. Bezirks. Jakob Reumann wurde 1919 der erste sozialdemokratische Bürgermeister Wiens und Wien somit die erste Millionenstadt der Welt mit einer sozialdemokratischen Verwaltung. Im Herzen des größten Wiener Arbeiterbezirks sieht man gleich ein gutes Beispiel für die Wirkung, die die Architektur im *Roten Wien* ausstrahlen sollte. Vor uns ragt das *Amalienbad* von 1926 auf. Es beherrscht den Platz in der Art, wie das in traditionellen Gesellschaften eine Kathedrale oder ein Rathaus tat. Das Amalienbad ist aber ein Tempel der Hygiene, des Sports und auch des Körperkults aus einer Zeit, in der man von einem neuen Menschen träumte. Für das Proletariat gebaut, wurde es dennoch oder eben drum elegant und prunkvoll in Art Deco ausgestattet und lohnt absolut einen Besuch.

Wir überqueren den Reumannplatz zum *Eissalon Tichy* und fahren über die Rotenhofgasse zur Columbusgasse, in die wir rechts einbiegen. Hier kommen wir zur linken gleich an einem Postamt vorbei, das modern und funktional an der Ecke der Buchengasse steht. Wir folgen der Columbusgasse, bis wir auf die Landgutgasse treffen, in der wir uns links bis zum

Margaretengürtel halten, dem wir ebenfalls nach links folgen.

... zur Ringstraße des Proletariats. Wir biegen dann rechts in die Hollgasse, der wir bergab bis zur Stolberggasse folgen. Hier halten wir uns links, bevor wir rechts in die Kohlgasse abbiegen und weiter bergab den Siebenbrunnenplatz erreichen. Dort biegen wir in die Brandmayergasse ein. Bevor wir links in die Diehlgasse bis zum Lichtblau-Park fahren, halten wir an und werfen einen Blick auf die beiden Eckhäuser. Auf der rechten Seite sehen wir eine verkehrte Idylle, was durch die Glasplatte mit der spiegelverkehrten Inschrift von 2002 symbolisiert wird. Das keramische Bild von 1938 stellt eine Familie im nationalsozialistischen Ideal dar. Die

©Spiller

Kunst am Bau im Herwegh-Hof

Hakenkreuzfahne wurde dem Buben 1945 »abgenommen«, aber an der HJ-Uniform störte sich lange niemand. Links gegenüber sehen wir ein besonders schönes Beispiel eines Wohnhauses (geb. 1929) im Stil der internationalen Moderne mit übereck geführten Balkonen und Loggien mit Sprossenraster, die dem Bau eine klare Eleganz verleihen.

Über die Siebenbrunnergasse und die Embelgasse erreichen wir die Siebenbrunnenfeldgasse. Vis-a-vis sehen wir eine *Autobusgarage* von 1928 (MA 48 mit 48er-Tandler) und zur linken das ehemalige *Arbeitsamt* der Metall- und Holzindustriearbeiter mit einer dramatischen Fassade, die an die Bauten des italienischen Razionalismo erinnert. Wir folgen der Siebenbrunnenfeldgasse eine Gasse nach rechts und sehen nun die Rückseite der *Ringstraße des Proletariats*, wie dieser Teil des Gürtels genannt wurde. Es lohnt sich hier den *Herweghhof*, den *Matteottihof* und den *Julius-Popp-Hof* zu erkunden, die obwohl sie alle binnen weniger Jahre gebaut wurden und ein beeindruckendes und monumentales Ensemble bilden, doch den Eindruck einer gewachsenen Struktur vermitteln. Es lässt sich hier aber auch erahnen, warum die Gegner der Sozialdemokratie der Stadtregierung vorwarfen, festungsähnliche Gebäude zu entwerfen, denn die Struktur der klassischen Gemeindebauten ermöglichte durchaus das Verschanzen gegen Angriffe von außen. Wegen der Einbahnregelung biegen wir links zum Gürtel ab und folgen der Nebenfahrbahn ein Stück nach rechts, bis wir an der nächsten großen Kreuzung auf den Mittelstreifen des Gürtels biegen.

Auf diesem Stück des Gürtels haben wir eine ausgezeichnete Sicht auf die Fassaden des gesamten Ensembles, aus dem der Superblock des *Reumannhofs* heraussticht. Dieser palastähnlich gestaltete Gemeindebau hätte ursprünglich das erste Wiener Hochhaus werden sollen, aber aus finanziellen Gründen wurde nur die Hälfte der Stockwerke des mittleren Turms tatsächlich verwirklicht.

Wir folgen nun dem Gürtelradweg bis zur Nußdorfer Straße. Ab hier orientieren wir uns in Richtung Donaukanal bis zur Spittelau. Auf dem gesamten Weg folgen wir den Stadtbahnbögen. Die Wiener Stadtbahn ist deutlich vor dem *Roten Wien* erbaut worden und wurde später ein wichtiger Teil des Ausbaus der öffentlichen Infrastruktur.

Von Friedrich Engels...

Bei der U-Bahnstation Spittelau überqueren wir auf dem Spittelauer Steg den Donaukanal und halten uns auf dem Radweg links. Auf diesem geht es nun ziemlich lange weiter bis zur Pasettistraße. Hier machen wir einen Schwenk nach links, um gleich wieder rechts in die Stromstraße einzubiegen. Zu unserer rechten befindet sich nun der *Winarsky-Hof*. In Verbindung mit dem *Haas-Hof* entstand hier eines der größten städtebaulichen Projekte der Stadt Wien. Trotz ihrer

©Spiller

Art Deco Tempel Amalienbad

Monumentalität vermittelt die Anlage im Innenbereich eine gewisse Intimität, wenngleich die unterschiedlichen Handschriften der zahlreichen beteiligten Architekturstars der damaligen Zeit nicht unbedingt zur Harmonie des Komplexes beitragen. Von der Stromstraße biegen wir links in die Engerthstraße ein und folgen dieser bis zum Friedrich-Engels-Platz. Durch die Unterführung gelangen wir auf die andere Straßenseite zum erstaunlicherweise namenlosen Gemeindebau am Friedrich-Engels-Platz. Mit 1.467 Wohnungen handelt es sich hier um einen der größten Einzelhöfe der Stadt Wien. Trotz des asymmetrischen Grundstücks wirkt der Bau geradlinig und geordnet, was unter anderem durch den Portikus mit den höheren turmartigen Gebäuden und den riesigen Fahnenstangen erzielt wird. Bei der Fahrt durch den Hof erfassen wir dessen Größe und folgen dann dem Straßenverlauf bis zur Schongauergasse. Hier nehmen wir eine kleine Brücke zur Rechten und erreichen über den Nussdorfer Steg das andere Ufer des Donaukanals. Nun halten wir uns links und verlassen den Radweg. Stattdessen folgen wir der Nussdorfer Lände bis zur Mooslackengasse, in die wir rechts einbiegen. Nun geht es immer geradeaus bis zum würdigen Endpunkt unserer Tour – dem Karl-Marx-Hof.

©Spiller

Gemeindebau am Friedrich-Engels-Platz

... zu Karl Marx.

Der beeindruckendste und monumentalste aller Wiener Gemeindebauten war bereits zur Zeit seines Baus als Symbol für die Sozialdemokratie geplant, was durch die Benennung nach dem Philosophen, der die ideologische Grundlage für den Austromarxismus lieferte, noch unterstrichen werden sollte. *»Wenn wir einst nicht mehr sind, werden diese Steine für uns sprechen.«* Mit diesen Worten eröffnete der damalige Bürgermeister Karl Seitz 1930 den *Karl-Marx-Hof*. Wie eine bewehrte Stadtmauer stellt sich die in expressivem Pathos schwelgende 1,2km lange Anlage dar. Die Verbindung zwischen dem Bahnhof und der Heiligenstädter Straße wurde durch die ins Gebäude integrierten, mächtigen Torbögen ermöglicht.

Wer nicht einen enormen Umweg in Kauf nehmen wollte, musste den Weg durch den Komplex nehmen, das traf sowohl für die Fußballfans auf dem Weg vom Bahnhof ins Stadion Hohe Warte, wie auch für die bürgerliche Mittelschicht Heiligenstadts zu. Wie beim *Reumannhof* findet sich auch hier mit einem gewaltigen Ehrenhof wieder die Analogie zur Palastarchitektur. Dort fallen auch die vier großartigen Keramikfiguren auf, die in ihrer Darstellung Bezug auf die Ideale der Sozialdemokratie nehmen, in ihrer Formensprache aber Ähnlichkeiten mit mittelalterlichen Heiligenfiguren zeigen. Neben all der baulichen Symbolik wurde der Gemeindebau dann auch einer der Hauptschauplätze der Kämpfe der Sozialdemokratie gegen den autoritären Ständestaat und entwickelte sich – schließlich wurde er sogar durch die Artillerie beschossen – zum Symbol des *Roten Wiens*.

SEHENSWERTES

Altwaren aller Art: Der 48er-Tandler hat Vintage-Möbel, Geschirr, Kleidung, Bücher, Räder und allerlei Schnäppchen. *48ertandler.wien.gv.at*

Der älteste Gemeindebau Wiens: Sein 100jähriges Bestehen feierte 2020 der Metzleinstaler Hof in Margareten. Erbaut zwischen 1919 und 1920 ist er offiziell der erste Gemeindebau der Stadt. Streitig macht ihm diesen Titel nur die Wohnhausanlage Schmelz (Mareschsiedlung), die zwar zur gleichen Zeit erbaut wurde, allerdings keine eigene Eröffnungsfeier hatte, sondern anschließend vergrößert wurde.

Rabenhof Theater: Etwas abseits der Tour, aber sehenswert. Kleinkunst in einem ehemaligen Arbeiter-Versammlungssaal. *www.rabenhoftheater.com*

Die Radwerkstatt: Pannen können passieren, doch die Radwerkstatt macht alles wieder heil. *www.dieradwerkstatt.at*

©Spiller

Karl-Marx-Hof

Längenfeldgasse
U4 U6
Westbahnhof
U3 U6
Thaliastraße
U6
Gürtel
GLT
Margaretengürtel
U4
Gürtel
Die Radwerkstatt
Metzleinstaler Hof
Reumannhof
verkehrte Idylle
Julius-Popp-Hof
Herweghhof
Matteottihof
48er-Tandler
Volkstheater
Spengerg.
Quellenstraße
Gürtel
Landgutg.
Karlsplatz
Laxenburger Str.
Columbusg.
U1
Reumannplatz
Hauptbahnhof
Amalienbad
Belvedere
Stadtpark
Prater

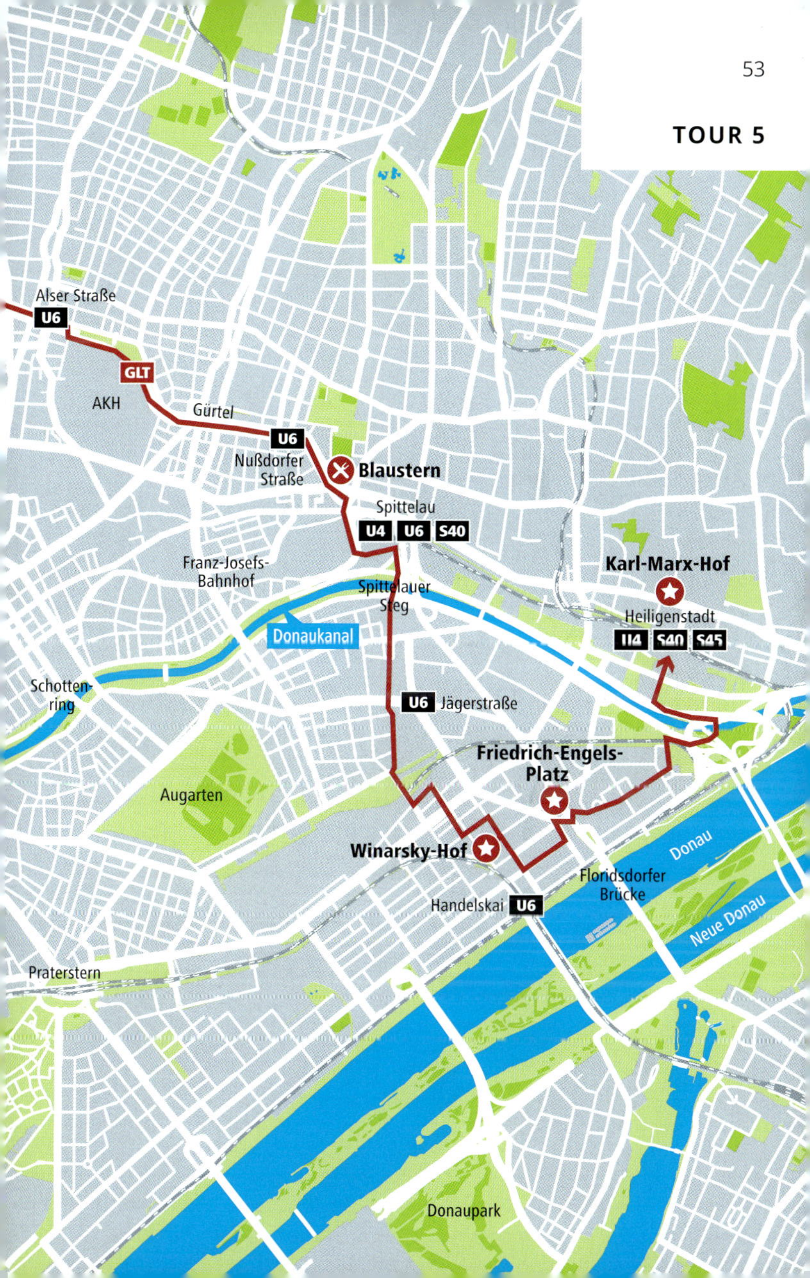
Alser Straße
U6
GLT
AKH
Gürtel
U6
Nußdorfer Straße
Blaustern
Spittelau
U4 U6 S40
Franz-Josefs-Bahnhof
Spittelauer Steg
Karl-Marx-Hof
Heiligenstadt
U4 S40 S45
Donaukanal
Schottenring
U6 Jägerstraße
Friedrich-Engels-Platz
Augarten
Winarsky-Hof
Donau
Floridsdorfer Brücke
Handelskai U6
Neue Donau
Praterstern
Donaupark

EU-Schulprogramm

Schulmilch

schmeckt einfach gut!

Woher kommt die Schulmilch?

Die Schulmilch kommt in Österreich von 51 Schulmilchbauern, die Kühe halten um Milch zu erzeugen. Schulmilch wird in Österreich durch das EU-Schulprogramm finanziell gefördert.

Was fressen die Kühe?

Die Kühe erhalten nur gentechnikfreie Futtermittel. Hauptsächlich fressen sie nur das, was in der Umgebung der Bauernhöfe auf den Wiesen und Äckern wächst. Futter und Wasser steht den Tieren Tag und Nacht jederzeit zur freien Entnahme zur Verfügung.

Wie wird die Milch gewonnen?

Die Kühe werden zweimal täglich mit einer Melkmaschine gemolken. Vereinzelt kommen auch automatische Melksysteme zum Einsatz.

Wie wird die Milch verarbeitet?

Die Milch wird anschließend in der Hofmolkerei direkt am Betrieb verarbeitet. Alle Schulmilchbetriebe halten höchste Hygienestandards ein und werden auch kontrolliert. Schulmilchprodukte sind pasteurisiert. Bei Milchprodukten mit Kakao, Vanille oder Früchten ist der Zuckerzusatz streng geregelt. Dieser darf ab heuer maximal 4,5 Prozent betragen, ab dem Schuljahr 2022/2023 sogar nur maximal 3,5 Prozent.

Wie kommt die Schulmilch in die Schule?

Aufgrund von Bestellungen der Schülerinnen und Schüler werden die Schulmilchprodukte direkt in die Schule geliefert und dort verteilt. Immer mehr Schulen bieten auch Automaten mit Schulmilchprodukten an. Diese Frische und Regionalität können nur Schulmilchprodukte bieten.

Wie kann mein Kind am EU-Schulprogramm teilnehmen?

Unter www.ama.at finden Sie alle Details. Die regionalen Schulmilchbauern bieten im Einverständnis mit der Schule gerne auch Verkostungen und Exkursionen an.

www.ama.at/Fachliche-Informationen/Schulprogramm

TOUR 6

Blaue Donau

Ein Fluss im Fluss

Wir entdecken auf dieser Tour nicht nur die Überreste der alten wilderen Donau, die die Regulierungen der vergangenen 170 Jahre überstanden haben, sondern auch die Wiener Freizeit-Hotspots Donauinsel, Donaupark, Alte und Neue Donau und schließlich das Urgestein des Amusements: den Wiener Prater. Wir starten an der U2-/U4-Station Schottenring am Franz-Josefs-Kai gegenüber dem Ringturm, dem höchsten Gebäude an der Ringstraße (Details: Tour 1). Es geht stromabwärts den Radweg entlang bis zur ersten Ampel. Hier überqueren wir die Straße und biegen dann links die Rampe hinunter und folgen dem Donaukanal auf dem EV9 stadtauswärts.

START & ANREISE
1010 Wien, Schottenring
Linien U2, U4 › Schottenring

WEGVERLAUF
Schottenring › Donaukanal › Nussdorf › Donauinsel › Donaupark › Alte Donau › Prater › Donaukanal

TOUR
32km (2¼h) | R | 35hm
Größtenteils flach, Asphaltwege, kurze Waldstrecke

Donaukanal

Kaum vorstellbar, aber der heutige Donaukanal war bis ins Mittelalter der eigentliche Hauptarm der Donau. Der Fluss suchte sich allerdings mit jedem Hochwasser ein neues Bett und so verlagerte sich der Hauptstrom später aus der Stadt hinaus, während innerstädtische Arme versandeten. Aufgrund der Stadtnähe blieb der Kanal für die Schifffahrt wichtig, verlor jedoch nach und nach an Bedeutung – vor allem nach der Donauregulierung von 1875. Noch einige Zeit vor sich hindümpelnd, wurde er erst in den 1990er Jahren für Freizeit- und Gastronomienutzung revitalisiert und belebt. (Details: Tour 10). Wir radeln gemütlich den Kanal entlang bis zu seinem Beginn am Nussdorfer Wehr, einer eindrucksvollen Schleusenan-

Nussdorfer Wehr

lage, an der Otto Wagner gestalterisch mitgewirkt hat (ebenfalls Tour 10). Dann gehts über die Brücke des Wehrs weiter auf dem EV6 oder EV9 bis zum Nordsteg auf die Donauinsel.

Inselleben

Die Donauinsel wurde in den 70er und 80er Jahren bei der Erbauung des sogenannten Entlastungsgerinnes der Donau aufgeschüttet und ist gleichzeitig Hochwasserschutz wie auch Freizeitparadies. Ungefähr 15 Jahre lang wurde gebaggert und nebenan wieder aufgeschüttet. Die Schlange der LKWs, die zum Abtransport nötig gewesen wären, hätte angeblich um den halben Äquator gereicht.

Wir radeln nun flussabwärts auf der stadtzugewandten Seite und kommen auch schon bald am Schulschiff *Bertha-von-Suttner-Gymnasium* vorbei. Dieses wurde Anfang der 90er Jahre von der Werft in Korneuburg im Auftrag der Stadt Wien gebaut, um einen

Donaupark

Ausgleich für die nun entfallenen Aufträge der Sowjetunion zu schaffen. Noch während der Fertigstellung des Schulschiffs wurde klar, dass dies das letzte Schiff sein würde, das in Korneuburg vom Stapel ging.

Donaupark

Hier radeln wir die Kreiselauffahrt der Brigittenauer Brücke hinauf und orientieren uns stadtauswärts über die Donau. Kurz danach queren wir die Brücke über die Autobahn und erreichen den Donaupark.

Auf einem als Schießplatz und Mulldeponie genutzten Areal wurde im Jahr 1964 eine Parkanlage für die *Wiener Internationale Gartenschau* geschaffen und das höchste Bauwerk Österreichs errichtet: der Donauturm. Er sieht zwar aus wie ein Fernsehturm, war aber immer nur als Aussichtsturm geplant. Mit dem Lift geht es in 35 Sekunden zur besten Aussicht der Stadt und dann genauso schnell wieder retour in den Donaupark. Auf ein zusätzliches Workout im Stiegenhaus muss man leider verzichten. Es ist nicht mehr geöffnet. Stattdessen radeln wir entspannt rechts in Richtung Irissee und dann geradeaus weiter an der Minigolfanlage vorbei.

Die Alte Donau

Mit oder ohne Stopp, im über 100 Jahre alten *Strandbad Alte Donau*, dessen Gebäude großartiges Flair der 60er Jahre versprühen, radeln wir links weiter bis zum Birnersteig. Hier biegen wir rechts ab und überqueren zwischen Dragonerhäufel und *Angelibad* die Alte Donau. Auf der anderen Seite angekommen, halten wir uns immer rechts entlang des Wassers. Hier kommen wir an der *Segelschule Hofbauer* vorbei, wo man eine romantische Bootsfahrt erleben oder sich einfach auf der Terrasse wie im Urlaub an der Adria fühlen kann. Jetzt radeln wir an der Alten Donau bis zur U2-Station Donaustadtbrücke,

Alte Donau

wo wir die Neue Donau queren. Unterwegs kommen wir an der *Kleingartenkolonie Neu-Brasilien* vorbei, die Florian Berndl nach der Kündigung seines Pachtvertrags für das Gänsehäufel gründete.

Nochmal Donauinsel

An der Neuen Donau erreichen wir gleich den *Wiener Wakeboardlift*, der mit zwei Optionen lockt: Ein Kracherl im Lokal bestellen und zusehen, was sich am Lift tut, oder selbst beim Start die Knie anziehen, die Arme ausgestreckt halten und dann hoffentlich sanft übers Wasser gleiten.

Auf der Donauinsel orientieren wir uns jetzt stromabwärts in Richtung Donaukanal/Freudenau. Nach einer Überquerung der Praterbrücke halten wir uns an der Uferpromenade und sind schon fast im Grünen Prater.

Donaualtarme

Hier nun bald auf einen Waldweg in Richtung Freudenau einbiegen, beim *Krebsenwasser*, einem alten Donauarm an der ersten Kreuzung, links halten und erneut dem Pfad in Richtung Freudenau folgen.

In urtümlicher Beschaffenheit und ganz typisch für das Prater-Augebiet, hat die Gegend hier ihre wilde und energetische Anmutung im Laufe der Zeit nicht eingebüßt. Wer nicht wie wir zur Dämmerung eintrifft und somit auch nicht von den Gelsen gefressen wird, sollte einen Abstecher zum *Mauthnerwasser* und nach der Kurve zum *Lusthauswasser* machen.

Beide sind Überbleibsel des ursprünglichen Donaukanals vor der ersten Begradigung. Linkerhand erahnen wir die *Galopprennbahn Freudenau*, deren denkmalgeschützte Tribünen wie auch das Burgtheater und das Kunsthistorische Museum von Carl Hasenauer entworfen wurden.

Sobald wir wieder Asphalt unter den Rädern haben, halten wir uns kurz rechts und gelangen zum Lusthaus. Hier biegen wir in die nicht zu verfehlende Prater Hauptallee ein, um nach etwa 1km, gleich nachdem die Lusthausstraße nach links abbiegt, das *Heustadelwasser* zu entdecken. Es handelt sich hier auch um einen Donaualtarm und zudem den Ausgangspunkt für klassische Prateraktivitäten:

Boote mieten, bis zu den Knien ins Wasser steigen oder eine Runde mit der *Liliputbahn* drehen.

Wir biegen nach dem *Heustadelwasser* links ab und radeln an dessen rechtem Ufer entlang, bis wir wieder auf der Prater Hauptallee landen. Hier passieren wir die Straßenbahnendstation der Linie 1 und kurz nach dem *Lokal Meierei* vor dem *Wurstelprater* (Vergnügungspark) gehts links in den Stadtwanderweg 9. Schweren Herzens radeln wir die Laufbergergasse entlang aus dem Prater hinaus, bis wir wieder an den Donaukanal kommen, und folgen diesem stromaufwärts an zahlreichen Lokalen vorbei bis zu unserem Ausgangspunkt der U2-/U4-Station Schottenring, allerdings nun auf der gegenüberliegenden Uferseite.

SEHENSWERTES

Donaupark: Er beherbergt nicht nur das höchste Bauwerk Österreichs inklusive Drehrestaurant, sondern hier kannst Du Minigolf, Basketball, Tischtennis und Boccia spielen, sowie an einem der sieben Spieltischen eine Partie Schach hinlegen.

Badespaß: Gratis Abkühlung bringt das Dragonerhäufel an der Alten Donau, die Badestellen der Donauinsel sowie das Heustadelwasser im Prater.

Schiff Ahoi: Für Leichtmatrosen und Kapitäne hat der Bootsverleih Seepferdchen Elektro-, Tret- und Ruderboote.
An der Oberen Alten Donau 20
Segelboote und Stand-Up-Paddling-Boards vermietet die Segelschule Hofbauer.
An der Oberen Alten Donau 186

Wakeboard & mehr: An der U2-Station Donaustadtbrücke liegt das Wake-Up, eine chillige Strandbar mit Wakeboardlift.
www.wakeup.at

©AdobeStock/kobra78

Praterauen

©AdobeStock/s4svisuals

Donaukanal

Nussdorfer Wehr
Nussdorf
EV6
Steinitzsteg
Donauinsel
Heiligenstadt
Schulschiff
EV6
Spittelau U4 U6
Friedensbrücke U4
DK
Augarten
Roßauer Lände U4
AKH
Donaukanal
U2 U4
Schottenring
Prate
U1 U4
Schwedenplatz
Rathaus
Stephansplatz
Volkstheater
Stadtpark
Karlsplatz
Westbahnhof
Belvedere

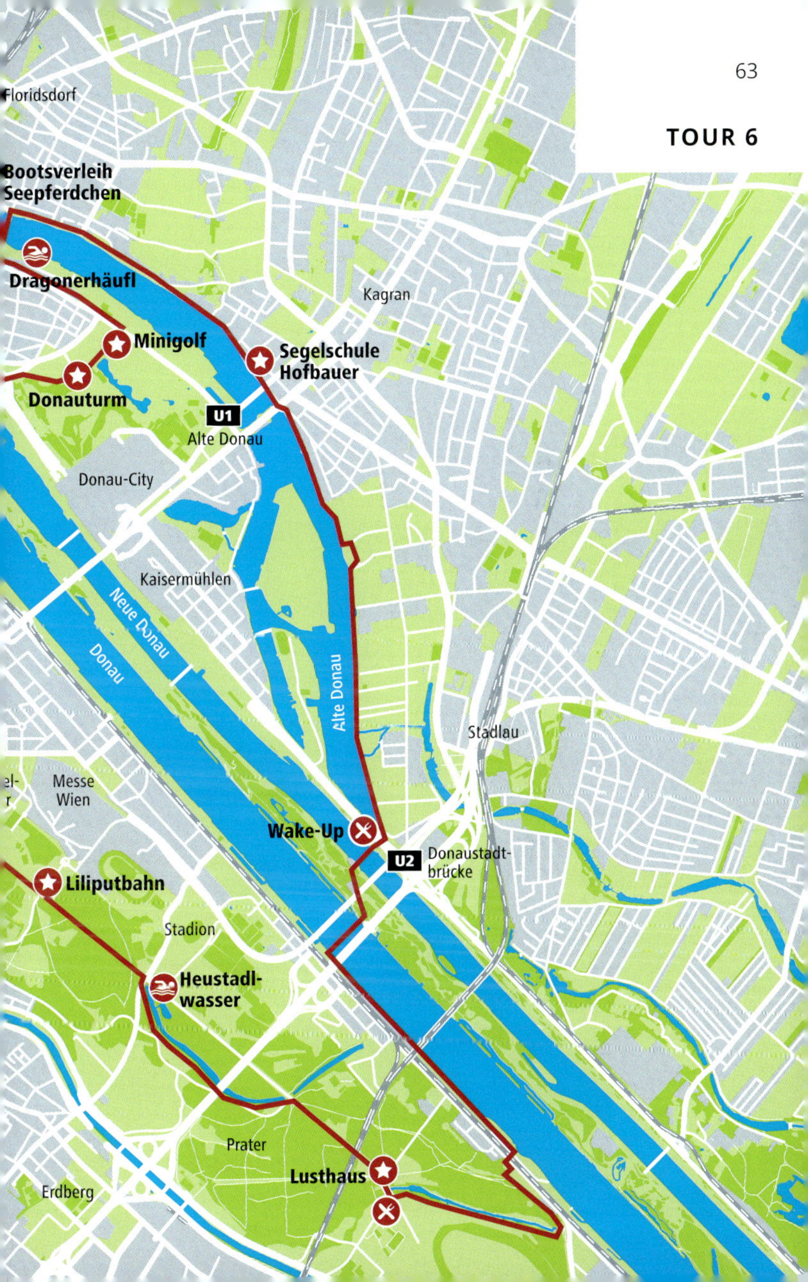
Floridsdorf
Bootsverleih Seepferdchen
Dragonerhäufl
Minigolf
Donauturm
Segelschule Hofbauer
Kagran
U1
Alte Donau
Donau-City
Kaisermühlen
Neue Donau
Donau
Alte Donau
Stadlau
Messe Wien
Wake-Up
U2
Donaustadt-brücke
Liliputbahn
Stadion
Heustadl-wasser
Prater
Lusthaus
Erdberg

TOUR 7

Viel Vergnügen

Schloss und Disneyland auf Wienerisch

Wir starten heute am Haupteingang des Wiener Hauptbahnhofs. Wer schon länger in der Stadt lebt, wird sich noch an den alten Südbahnhof erinnern, der früher an dieser Stelle stand. Nachdem in der Vergangenheit alle Pläne zum Bau eines Wiener Zentralbahnhofs gescheitert waren, steht hier nun seit 2012 der erste Wiener Bahnhof, den fast alle Fernzüge, die in der Bundeshauptstadt ankommen auch tatsächlich anfahren. Am auffälligsten ist die rund 200m lange und 120m breite Dachkonstruktion, in der gleich viel Stahl verbaut wurde wie für den Pariser Eiffelturm. Rund um den neuen Bahnhof wurde ein komplett neues Stadtviertel gebaut. Wir sehen einen Teil davon, wenn wir nun das Bahnhofsgebäude rechts umrunden und dann links in die Sonnwendgasse einbiegen. Hier folgen wir den Wegweisern Laxenburg EV9. Der Radweg führt uns zum Verteilerkreis Favoriten (Details: Touren 12 & 16), wo wir ihn verlassen und an der *Kleingartenanlage Frohsinn* vorbei nach Oberlaa radeln. Wer Lust auf eine Partie Minigolf hat, kann jetzt einen kleinen Abstecher in die Franz-Koci-Straße 3 unternehmen.

START & ANREISE

1100 Wien, Hauptbahnhof
Linien U1, S, REX › Hauptbahnhof

WEGVERLAUF

Hauptbahnhof › Laaer Berg › Oberlaa › Liesingbach › Schwechat › Simmering › Löwygrube › Favoriten › Hauptbahnhof

TOUR

31km (2¾h) | R | 155hm
Moderate Steigungen,
Asphalt- und Schotterwege

Zu unserer Linken erreichen wir bald den Kurpark und die *Kurkonditorei Oberlaa*. Mit dem Fahrrad ist in beiden die Zufahrt nicht gestattet. Wir fahren daher weiter geradeaus bis zum Abzweig Segnerstraße und folgen ab hier den Wegweisern Richtung Liesingbach. Am Weg liegt die *Weinlaube Oberlaa*, die Herzhafteres als

©AdobeStock/Mr. Börns

Liesingbach bei Oberlaa

Torten bietet. Frisch gestärkt führt unser Weg dann zum Liesingbach, dem wir links flussabwärts nach Kledering und Schwechat folgen.

Mei Bier is ned deppat

Kurz vor Schwechat wechseln wir beim Kreisverkehr auf die andere Straßenseite und folgen dem Bach bis zur zweiten Brücke. Hier kommen wir in den Rathauspark. Wer Lust auf ein Eis hat, erreicht den Hauptplatz samt Eissalon über eine kleine Brücke und einen schmalen Durchgang. Vom Rathauspark aus führt unser Weg nun über die Sendnergasse bis zu den Bahngleisen und weiter zur Schwechat. Es geht rechts am Ufer entlang, bevor wir bei der ersten Gelegenheit auf das andere Flussufer wechseln. Hier kann man sich dann leicht an den Wegweisern Richtung Wien und später zum Donaukanal orientieren. Wir folgen den Schildern bis zur großen Kreuzung Etrichgasse/Svetelskystraße. Dann halten wir uns an die

Schloss Altkettenhof in Schwechat

Streckenführung der Straßenbahnlinien 11 bzw. 71 bis zum Ende der Svetelskystraße, wo wir rechts in die Pantucekgasse einbiegen und über die Meidlgasse schließlich das Schloss Neugebäude erreichen.

Das sanierte Lost-Ground-Schloss

Kaiser Maximilian II. plante hier ab 1569, nach antiken sowie den damals modernen italienischen Vorbildern ein Schloss der Superlative zu bauen. Es sollte von farbenprächtigen Gärten mit Springbrunnen, Wasserkaskaden und Tierzwingern umgeben sein. Auch ein Ballspielhaus für die damalige Variante des Tennis gab es. Nach dem überraschenden Tod des Kaisers 1576 wurden die Arbeiten am Schloss, auch in Anbetracht der leeren Staatskassen und der herannahenden Gefahr durch das osmanische Heer, eingestellt. In den folgenden Jahrhunderten verfiel das Schloss und auch Maria Theresia ließ es lediglich als Schießpulverdepot nutzen und konzentrierte sich ganz auf den Ausbau Schönbrunns, wo schließlich auch Bauteile aus Neugebäude Verwendung fanden. So stehen z.B. auf der Gloriette Säulen der Nordfassade des Schlosses Neugebäude. Einem Abriss entging das Schloss im 20. Jahrhundert nur knapp und erst Anfang des 21. Jahrhunderts wurde mit Sanierungsmaßnahmen begonnen.

Nach einer kurzen Besichtigung nehmen wir den ersten kleineren Pfad nach links bergab zu den Schlossgärten. Hier darf das Rad allerdings nur geschoben werden. Von hier aus kann

©Spiller

Schloss Neugebäude

©Spiller

Simmering

man einen Abstecher zum *Bio Feigenhof* unternehmen. Dazu dem Pfad von den Gärten zur Kaiser-Ebersdorfer Straße folgen, dort links halten und die zweite Gasse Am Himmelreich nach rechts einbiegen.

Nachdem wir unsere Einkäufe verstaut haben, radeln wir durch Simmering weiter in Richtung Löwygrube. Dort angekommen, sehen wir auf der rechten Seite eine *Tarzanschwinge*. Wer nun ein wenig bergan über die Wiese fährt oder schiebt, kann die Löwygrube mit ein paar Bänken für eine Pause nutzen und einen schönen Wienblick genießen. Von hier aus radeln wir durch den Böhmischen Prater.

Disneyland der Ziegelarbeiter

Im 19. Jahrhundert stellten Gasthäuser und kleine Ausflüge die einzigen Vergnügungen der Arbeiter dar. Eine Gastwirtschaft eines Kantinenwirts der Ziegelwerke im Laaer Wald wurde ein beliebtes Ziel der »Ziegelböhm«.

Löwygrube

1882 stellte der Wirt ein Ringelspiel und eine Schaukel auf und nur zwei Jahre später gab es bereits 20 Gasthäuser und Schausteller auf dem nun *Böhmischer Prater* genannten Gelände. Der Namen setzt sich aus dem »echten« Wiener Prater und der größten Besuchergruppe des Parks zusammen. Nach seiner Zerstörung im II. Weltkrieg fristete der kleine Vergnügungspark ein Schattendasein und wurde erst in den letzten Jahren im Rahmen einer Nostalgiewelle wieder beliebter. Neben einer Fahrt im ältesten noch betriebenen Ringelspiel Europas bietet sich hier auch eine Minigolf-Revanchepartie an.

Wir fahren nun immer geradeaus weiter, bis die Puchsbaumgasse auf die Steudelgasse trifft. Hier stoßen wir auf den Radweg, den wir vom Hinweg kennen. Wer seine Tour mit dem wohl bekanntesten Eis der Stadt ausklingen lassen möchte, fährt geradeaus weiter zum Reumannplatz (Tour 9). Retour zum Hauptbahnhof geht es dann durch die Rotenhofgasse zur Columbusgasse und ab hier gemütlich bergab bis zum Columbusplatz und durch die Fußgängerzone.

SEHENSWERTES

Schloss Neugebäude: Mehr als nur Baumaterial für Schönbrunn. *www.schlossneugebaeude.at*

Barock in Schwechat: Einen Besuch wert sind das Schloss Rothmühle und die ebenfalls im Barock umgestaltete Thurnmühle. Anmutig im spätbarocken Ensemble präsentiert sich auch die Pfarrkirche Schwechat mit Pfarrhof und der ehemaligen Schule. Dann wäre da noch das wunderschöne Schloss Altkettenhof (neben dem Rathauspark), dessen Ursprünge bis ins 13. Jahrhundert zurückreichen.

Süße Belohnungen für unterwegs:
Castelletto Schwechat – Ice, Ice Baby!
Kurkonditorei Oberlaa – die Tortenkur.
Feigenhof – frische Feigen uvm.

Präzisionssport & Geschicklichkeitsspiel
Hinspiel Minigolf: *www.rotgold.at*
Rückspiel Minigolf und Ringelspielfahrt für die Sieger: *böhmischer-prater.at*

©Spiller

Böhmischer Prater

Hauptbahnhof
U1
S
REX
Matzleinsdorf
Sonnwendg.
Arsenal
Gasome
EV9
Gudrunstraße
A23
Columbusg.
Reumannplatz
U1
Enkplatz
Puchsbaumg.
Favoritenstraße
Böhmischer Prater
Laaer Wald
Löwygrube
EV9
Erholungsgebiet Wienerberg
Altes Landgut
U1
Verteilerkreis
Laaer-Berg-Str.
Bitterlichstr.
EV9
Volkspark Laaerberg
Wienerfeld
KGV Frohsinn
A23
Per-Albin-Hansson-Siedlung
Inzersdorf
Minigolf
Kurpark Oberlaa
Therme Wien
U1
Oberlaa
Kurkonditorei Oberlaa
Liesing
Friedhof
Rothneusiedl
Weinlaube
B16
Leopoldsdorfer Str.
Unterlaa

Freudenau
KGV
Simmeringer
Haide
Donau
A4
Feigenhof
Schloss Neugebäude
Kaiserebersdorf
Albern
Meidlgasse
Urnen-
hain
Simmeringer Hptstr.
Svetelskystr.
Erichstraße
Leberberg
Schwechat
Zentralfriedhof
S7 Schwechat
Brauerei
Schwechat
Castelletto
Schloss Altkettenhof
Schwechat
Liesing
Kledering
Rannersdorf

Ruhe Sanft

Nicht nur letzte Ruhestätten

Unsere Tour beginnt auf einem der ältesten Friedhöfe Wiens, dem Platz rund um St. Stephan. Bevor die Friedhöfe in der Inneren Stadt über die Jahrhunderte aus hygienischen Gründen aufgelassen wurden, fanden Bestattungen rund um die Pfarrkirchen Ruprechtskirche, Peterskirche, Stephanskirche und Michaelerkirche statt. Auf diesen Friedhöfen konnte von sanfter Ruhe keine Rede sein, denn sie wurden multifunktional genutzt und dienten sowohl als Bauhof der Kirchen, Prozessionsstätte, Zufluchtsort, aber auch oft als Marktplatz und Treffpunkt zu Spiel und Spaß. Wo wir heute im ersten Bezirk Plätze sehen, können wir immer von einer historischen Nutzung als Marktplatz oder einem Friedhof oder einer Kombination von beidem ausgehen. St. Stephan ist aber auch selbst ein Friedhof, denn dort wurden zuerst für wohlhabende Verstorbene (u.a. Prinz Eugen oder die Habsburger bzw. deren Eingeweide) Grüfte errichtet und später großflächig unter dem Dom bis ins Jahr 1783 um die 11.000 Menschen in den *Katakomben* beerdigt. Diese können im Rahmen einer Führung besichtigt werden.

START & ANREISE

1010 Wien, Stephansplatz

Linien U1, U3 › Stephansplatz

WEGVERLAUF

Stephansplatz › Stadtpark › Eurogate › Zentralfriedhof › Schwechat › Albern › Prater › Donaukanal › Karlsplatz

TOUR

36km (2¼h) | S | 70hm

Durchwegs flach, Asphaltwege, kurze Waldstrecke, urbaner Verkehr

Gruft der Mumien

Vom Stephansdom schieben wir das Rad an den Graben und steigen beim Goldenen Würstel wieder auf. Ab hier schlängeln wir uns durch das Gassen- und Touristengewirr des 1. Bezirks bis zur Michaelerkirche, unserem zweiten, etwas gruseligen Halt. Die Michaelergruft ist bekannt für die

©Spiller

Friedhof St. Marx

aufgrund der besonderen Bedingungen entstandene Mumifizierung der Verstorbenen. So etwas gibt es in Europa nur in sieben weiteren Kirchen. Nun radeln wir über den Ring und anschließend via Stadtpark und Rennweg quer durch den dritten Bezirk zum Friedhof St. Marx.

Der letzte Biedermeierfriedhof

St. Marx ist der letzte erhaltene von fünf Friedhöfen, die ab 1784 als Ersatz für die aufgelassenen innerstädtischen Friedhöfe angelegt wurden. Vier davon wurden mit Bau des Zentralfriedhofs aufgegeben und sind heute Parkanlagen (Währinger Park/Friedhof, Waldmüllerpark/Matzleinsdorfer Friedhof, Haydnpark/Hundsturmer Friedhof) oder liegen sogar größtenteils unter der Wiener Stadthalle (Schmelzer Friedhof). Der St. Marxer Friedhof blieb erhalten und verwilderte zusehends, bis er 1937 ebenfalls als friedhofsartige Parkanlage der Bevölkerung zur Nutzung

Friedhof St. Marx

übergeben wurde. Im April oder Mai kannst Du von hier perfekte Frühlingsgrüße in Deine sozialen Netzwerke posten, denn dann steht der Flieder in voller Blüte, aber natürlich ist der Friedhof vor allem wegen des *Mozartgrabes* bekannt. Um dieses ranken sich nicht wenige Legenden.

Sicher ist allerdings, dass zum 100. Todestag endlich ein Grabmal geschaffen wurde (wohl auch um die Fragen nach dem Ort der Beisetzung zu beenden), das aber schon 30 Jahre später zum Zentralfriedhof überführt wurde. Das heute schlichte Grabmal setzte der damalige Friedhofswärter aus diversen nicht mehr benötigten Teilen anderer Gräber zusammen. Unter ihm werden Mozarts Überreste vermutet.

Nach einem idyllisch-verwunschenen Spaziergang, geht es das kurze Stück bis zum Kreisverkehr retour und hier rechts zum Radweg nach Schwechat. Diesem folgen wir bis an die Mauer des Zentralfriedhofs und dann noch rechts weiter bis zum Tor 11.

Es lebe der Zentralfriedhof

Hier ist Radfahren erlaubt, es ist aber jedem selbst überlassen, das Rad zu schieben. Gleich links neben Tor 11 finden wir den *alten jüdischen Friedhof,* der durch die vielen überwucherten Gräber ganz besonders mystisch scheint. Dazu tragen auch einige Rehe bei, die man hier immer wieder beobachten kann. Auf dem Zentralfriedhof gibt es aktuell rund 330.000 Gräber, davon 1.000 Ehrengräber. Diese wurden ursprünglich geschaffen, um

Zentralfriedhof

Zentralfriedhof

den Friedhof, der relativ weit vor den Toren der Stadt lag, beliebter zu machen. Auf anderen Friedhöfen beigesetzte Prominente wurden daher hierher verlegt bzw. deren Grabsteine hier aufgestellt (Beispiel Mozart). Die Fläche des Zentralfriedhofs ist beeindruckend: Mit seinen 2,5km^2 wird er in Europa nur vom Hamburger Friedhof übertroffen.

Wir verlassen den Friedhof (von Tor 11 aus rechts haltend) durch Tor 9. Nun geht es links am Friedhofszaun entlang über einen Wiesenweg immer geradeaus, der nächsten Straße folgend nach Kaiserebersdorf und schließlich am Flughafen-Radweg zum Fluss Schwechat. An der Schwechatpromenade unterfahren wir auf der anderen Uferseite zwei Autobahnbrücken zu unserer linken.

Ebenfalls links erkennen wir in der Ferne die mächtigen alten Speicher des Alberner Hafens. Diese wurden während des II. Weltkrieges gebaut, um Getreide aus dem besetzten Osteuropa aufzunehmen und dann nach Deutschland zu verschiffen.Wir queren die Schwechat und orientieren uns an den Römerland Carnuntum-Schildern, bis wir den Wegweiser sehen, der uns zum Friedhof der Namenlosen – unserem nächsten Ziel – leiten wird.

Die unbekannten Toten der Donau

Hier sind Menschen begraben, die zwischen 1840 und 1940 in diesem Bereich der Donau angeschwemmt wurden. Nomen est Omen: Nachdem bei vielen die Identität oder auch die Todesursache unbekannt war, wurde diesem Friedhof der Name verliehen.

Seit fast 100 Jahren kümmert sich die Familie Fuchs in mehreren Generationen um die Erhaltung des einsamen Friedhofes, der wohl nur durch bewundernswerte Eigeninitiative gerettet werden konnte.

Nun fahren wir retour bis zur Kurve und anschließend weiter am Radweg bzw. nach dessen Ende der Straße entlang bis zur nächsten großen Abzweigung. Am Schild Friedhof der Bücher biegen wir links ein und befahren die Freudenauer Hafenbrücke. Nun immer der Beschilderung in Richtung Reichsbrücke bis zur Friedenspagode folgen.

Asien in Wien

Die *Friedenspagode* ist ein buddhistischer Stupa, der von japanischen Mönchen in den 80er Jahren erbaut wurde. Ab der nächsten Brücke leiten uns Schilder in Richtung Prater, dort folgen wir dem Stadtwanderweg 9 bzw. dem Wegweiser bis zur Kapelle Maria Grün. Wir treten in die Pedale, denn es geht weiter, bis wir auf eine asphaltierte Straße treffen, von wo aus wir links zum Lusthaus einbiegen. Wir bleiben bis zur Straßenbahnhaltestelle der Linie 1 auf der Hauptallee und biegen hier links in die Rotundenallee ein. Der Straßenverlauf bringt uns bis zum Donaukanal, den wir queren, um dem Ring-Radweg über die Urania, den Stadtpark und den Schwarzenbergplatz bis zum Karlsplatz zu folgen, wo unsere Tour endet.

SEHENSWERTES

Zentralfriedhof-App: Ehrengräber und historisch wertvolle Gräber des Zentralfriedhofs entdecken. *www.friedhoefewien.at*

Gestorben wird immer: Am 2. Tor des Zentralfriedhofs findet ihr das Bestattungsmuseum mit kuriosen Ausstellungsobjekten, wie z.B. einen Sitzsarg, eine lebensrettende Glocke für Scheintote oder einen Sparsarg für knausrige Zeitgenossen. *www.bestattungsmuseum.at*

Die erste Leich': Am Eröffnungstag des Zentralfriedhofs, dem 1. November 1874, übergab man dreizehn Leichen der Erde. Zwölf davon wurden an diesem dichten Nebeltag in einem einfachen Gemeinschaftsgrab beerdigt. Nummer 13 war der Privatier Jakob Zelzer, der als erster Verstorbener am Zentralfriedhof eine stattliche Einzelgrabstätte bekam. Seine letzte Ruhestätte, ungefähr 100m rechts vom Haupteingang, ist bis heute erhalten geblieben (Gruppe 0, Grabnummer 1).

©AdobeStock/romanple

Friedenspagode

©Spiller

Friedhof der Namenlosen

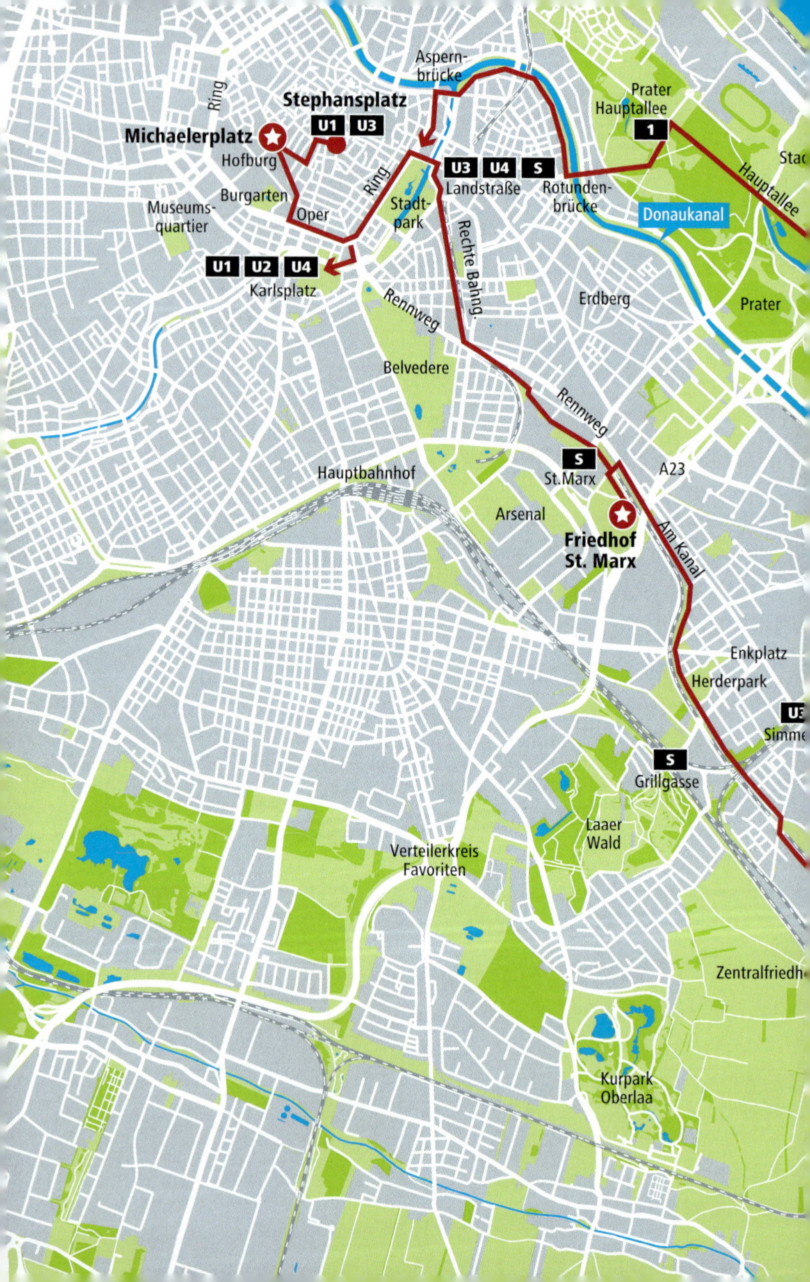

Aspern-
brücke
Ring
Stephansplatz
U1 U3
Michaelerplatz
Hofburg
Burgarten
Museums-
quartier
Oper
Ring
Stadt-
park
U3 U4 S
Landstraße
Rotunden-
brücke
Prater
Hauptallee
1
Hauptallee
Donaukanal
U1 U2 U4
Karlsplatz
Rennweg
Rechte Bahng.
Erdberg
Prater
Belvedere
Rennweg
S
St.Marx
A23
Hauptbahnhof
Arsenal
Friedhof
St. Marx
Am Kanal
Enkplatz
Herderpark
S
Grillgasse
Laaer
Wald
Verteilerkreis
Favoriten
Kurpark
Oberlaa

A23
U2 Donaumarina
Prater
Maria Grün
tallee
Lusthaus
Friedenspagode
Lobau
Freudenau
Donau
Freudenauer Hafen
A4
OMV-Zentrallager
nmeringer Haide
Haupt-kläranlage
Freudenauer Hafenbrücke
Zinnerg.
Alb. Hafen-zufahrtsstraße
Alberner Hafen
Friedhof der Namenlosen
Kaiserebersdorf
jüdischer hof
Tor 2
Erichstraße
Simmeringer Hauptstr.
A4
Schwechat
Zentral-friedhof
Kaiser-ebersdorf
S
Dreherstr.
S1
Schwechat
Tor 9

Wiener Wildnis

Ein verbliebenes Stück Auwald

Heute erkunden wir einen international anerkannten Nationalpark: die Lobau. Diesbezüglich ist Wien mal wieder was Besonderes, denn einen Nationalpark im Stadtgebiet gibt es sonst kaum in anderen europäischen Metropolen.

Fifty shades of green

Die Lobau ist Teil des Nationalparks Donauauen, einer der letzten erhaltenen Auenlandschaften Europas. Neben der Wachau befindet sich hier der einzige österreichische Abschnitt der Donau, auf dem der Fluss noch nicht aufgestaut ist, sondern natürlich fließt. Der Auwald unterliegt jedoch bereits seit über 270 Jahren massiven Eingriffen in die Natur.

Alles begann mit Maria Theresia, die auf der damaligen Insel land- und forstwirtschaftliche Nutzung zugunsten der armen Bevölkerung erlaubte. Bis in das frühe 20. Jahrhundert behielt die kaiserliche Familie das Jagdrecht und auch nachdem Karl I. im Jahr 1918 der Stadt Wien die Lobau schenkte, blieb der Allgemeinheit der Zugang noch bis 1926 verwehrt. Mit der Entscheidung, den damals geplanten Donau-Oder-Kanal in der Lobau münden zu lassen, wurde die industrielle Nutzung ab 1939 vorangetrieben. Mit dem Aufkommen der Umweltbewegung in den 70er Jahren und der ersten österreichischen Bürgerinitiative *»Die Lobau darf nicht sterben«* wurde ihr Schutz forciert. Seit 1977 ist die Lobau UNESCO-Naturschutzgebiet und seit 1996 als Teil der Donauauen Teil des gleichnamigen österreichischen Nationalparks.

START & ANREISE
1020 Wien, Praterstern
Linien U1, U2, S, REX › Praterstern

WEGVERLAUF
Praterstern › Reichsbrücke › Kaisermühlen › Nationalparkhaus Lobau › Groß-Enzersdorf › Donauinsel › Prater

TOUR
35km (2½h) | R | 15hm
Größtenteils flach,
Asphalt- und Schotterwege

Waterworld

Die Tour startet am Praterstern (Details: Tour 2). Von den sieben hier abzweigenden Straßen wählen wir die Lassallestraße und folgen dem Radweg zur Reichsbrücke/Donauinsel (Details ebenfalls Tour 2).

Wir überqueren nun die Donauinsel (Details: Tour 6) und verlassen die Reichsbrücke erst wieder am nördlichen Ufer der Neuen Donau in Richtung Lobau/Praterbrücke EV6.

Die Neue Donau wurde im Rahmen der ab 1972 begonnenen Maßnahmen für einen besseren Hochwasserschutz der Stadt ausgehoben. Es handelt sich um ein Entlastungsgerinne für den Hauptstrom, von dem es durch die aus dem Aushub aufgeschüttete Donauinsel getrennt ist. Die Neue Donau ist ein stehendes Gewässer, das nur im Falle von Hochwasser durch Öffnung der Wehranlagen geflutet wird und kann dann etwas mehr als 2/3 eines Rekordhochwassers der Donau ableiten, ohne dass die Stadt überschwemmt wird. Seine Bewährungsprobe bestand das System im Jahr 2002 als im Rahmen des großen Hochwassers die Wassermenge der Donau rund 5x so hoch war wie normal. Neben der Schutzfunktion wurde

Durstige Schwäne

hier ein Naherholungsgebiet geschaffen, das sich bei den Wienerinnen und Wienern großer Beliebtheit erfreut und welches von der Stadt ständig erweitert wird.

Ein Beispiel hierfür ist Wiens erster Radmotorikpark, auf den wir gleich zu Beginn der Fahrt treffen. Danach radeln wir am *Wakeboardlift* vorbei und durchqueren die fast ganzjährig sehr beliebten Grillzonen vor der Steinspornbrücke, wo wir links beim Gasthaus *Roter Hiasl* in den Biberhaufenweg einbiegen. Diesen verlassen wir jedoch gleich wieder bei der ersten Möglichkeit nach rechts und kommen zum Nationalparkhaus.

Ab hier folgen wir den Wegweisern Richtung Josefsteg und kommen bald an der Dechantlacke vorbei, einem der wunderschönen Plätze in der Lobau, an denen das Baden nicht nur möglich, sondern auch gestattet ist. Hier badete auch gerne Friedensreich Hundertwasser. Ob er zu den zahlreichen FKK-Freunden an der Dechantlacke gehörte, konnten wir allerdings nicht erfahren. Nachdem wir vom Josefsteg aus nach Schildkröten Ausschau gehalten haben, ist unser nächstes Ziel dann die Panozzalacke. Dazu folgen wir den Wegweisern zuerst Richtung Saltenstraße Rundweg und biegen bei der nächsten Abzweigung Richtung Panozzalacke Rundweg rechts ab. Auch hier kann und darf man baden und mit dem Ausflugslokal *Zum Knusperhäuschen* gibt es auch eine Einkehrmöglichkeit.

Noch nicht Waterloo

Wir folgen dem Rundweg und kommen nach ein paar Kurven an einem der Napoleonsteine vorbei. Dieser markiert das Hauptquartier Napoleons zwischen der Schlacht bei Aspern und der Schlacht bei Wagram im Jahr 1809. Napoleon überquerte mit etwa 150.000 Mann die Donau bei Kaiserebersdorf, was mangels Brücken sehr mühsam war. Nördlich der Lobau verlor er daraufhin seine erste Schlacht, bei der er persönlich anwesend war, gegen die von Erzherzog Carl befehligten Österreicher. Die Franzosen zogen sich nun für einige Wochen in die Lobau zurück. In der Nacht zum 5. Juli 1809 ließ Napoleon Brücken ans nördliche Donauufer bauen, brachte so binnen weniger Stunden seine Armee über die Donau und besiegte das österreichische Heer in der Schlacht bei Wagram.

Für uns geht es weiter in Richtung Vorwerk und Groß-Enzersdorf. Wir bleiben bis zum Abzweig Stadler Furt auf dem Rundweg und orientieren uns dann in Richtung Groß-Enzersdorf.

Die *Stadler Fur*t ist idyllisch gelegen und bietet sich mit ihrem sanft abfallenden Kiesstrand zum Baden an. Nach dem Baden machen wir uns auf den Weg zu einem ausgezeichneten Eis. Wir folgen dem Weg aus dem Nationalpark hinaus, halten uns rechts und nehmen dann den ersten Linksabzweig in die Autokinostraße. Direkt vor dem Autokino biegen wir rechts in die Kastanienallee ein. Über die Ziegelofenstraße erreichen wir den Eissalon *Isola Bella* auf dem Josef-Reither-Ring. Zahlreiche Aufkleber an der Tür weisen auf Nominierungen und Auszeichnungen bei nieder- und

Next Stop Dechantlacke

österreichischen Wahlen zum beliebtesten Eissalon hin.

Abgekühlt und relaxt nehmen wir denselben Weg wieder retour bis zur Abzweigung Stadler Furt. Wir folgen nun dem Rundweg und orientieren uns an den Wegweisern Richtung Saltenstraße. Wir fahren allerdings nicht zum Eingang Saltenstraße, sondern treten in die Pedale in Richtung Nationalparkhaus Dechantweg, sobald dieser angeschrieben ist.

Um nicht exakt dieselbe Strecke retour zu radeln, biegen wir nach dem Josefsteg rechts ab und folgen dem Weg bis zum Biberhaufenweg, wo wir links abbiegen und über die Steinspornbrücke zur Donauinsel gelangen. Hier folgen wir den Schildern Richtung Prater, den wir über die Praterbrücke erreichen. Auf der Praterhauptallee halten wir uns rechts und folgen diesem Weg, vorbei an diversen Lokalen und dem Wurstelprater mit dem *Schweizerhaus*, das uns mit Stelze und herrlich erfrischendem Bier lockt, weiter am Riesenrad vorbei und bis zu unserem Ausgangspunkt, dem Praterstern.

SEHENSWERTES

Ein Potpourri an Proviant: Copa Beach formerly known as Copa Cagrana, Vienna City Beach Club, Inseltreff Barbados, Roter Hiasl, Zum Knusperhäuschen und Eissalon Isola Bella.

Freiwasserbaden: Einfach reinspringen in Neue Donau, Dechant- und Panozzalacke sowie Stadler Furt.

Radelbalance: Auf unserer Tour begegnen wir dem durchgehend geöffneten Radmotorik-Park für radbegeisterte Kids. *Rudolf-Nurejew-Promenade 9*

Grillen in großem Stil: An einem sonnigen Wochenende brutzeln bis zu 16.000 WienerInnen in den Grillzonen und auf den Grillplätzen der Donauinsel. Wenn Du selbst hier grillen möchtest, solltest Du auf die Taktik des frühen Vogels setzen. Morgens bekommt man noch Plätze. Für € 10,– kannst Du einen Grillplatz inkl. Brennmaterial reservieren. Das solltest Du aber bereits Monate im Voraus erledigen!

©Spiller

Wildromantische Stadler Furt

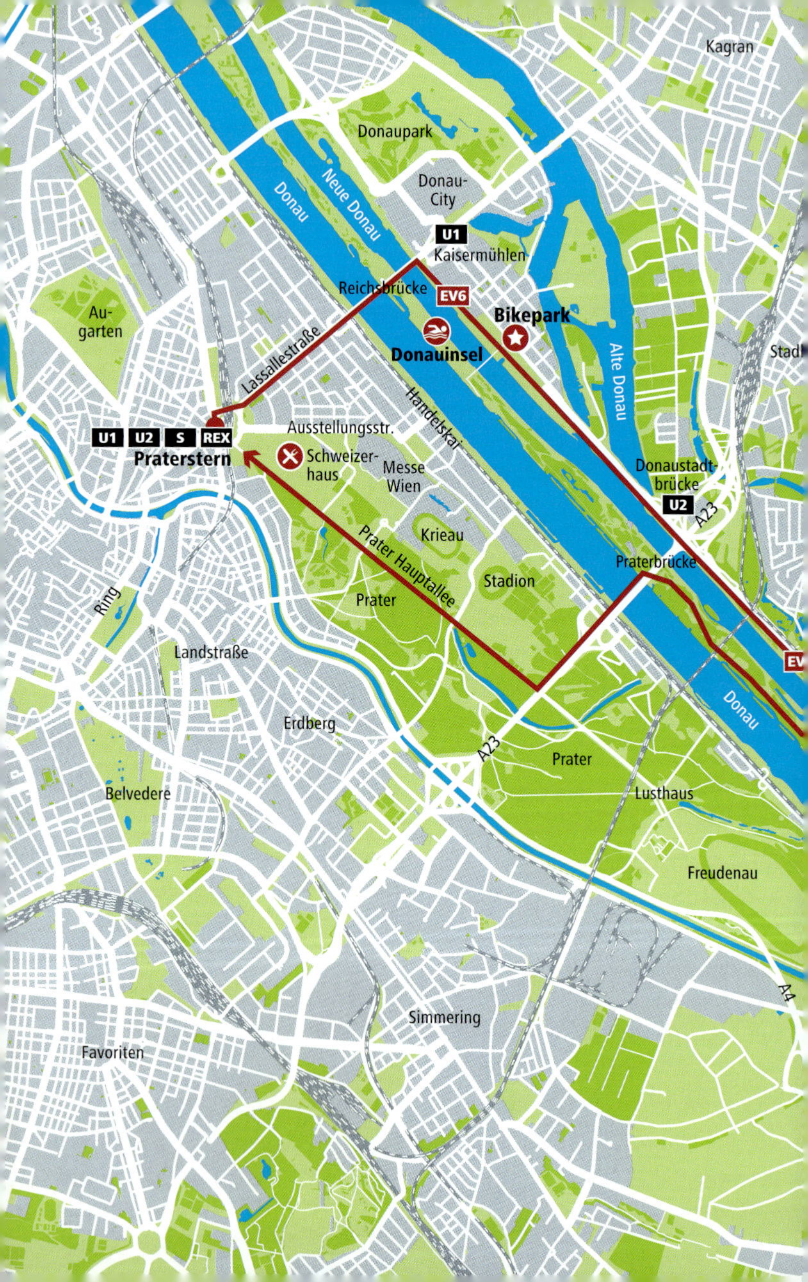

Kagran
Donaupark
Donau-City
Donau
Neue Donau
U1
Kaisermühlen
Reichsbrücke
EV6
Bikepark
Donauinsel
Alte Donau
Stadl
Augarten
Lassallestraße
Handelskai
U1
U2
S
REX
Praterstern
Ausstellungsstr.
Schweizerhaus
Messe Wien
Donaustadtbrücke
U2
A23
Krieau
Prater Hauptallee
Praterbrücke
Stadion
Prater
Ring
Landstraße
EV
Donau
Erdberg
A23
Prater
Belvedere
Lusthaus
Freudenau
A4
Simmering
Favoriten

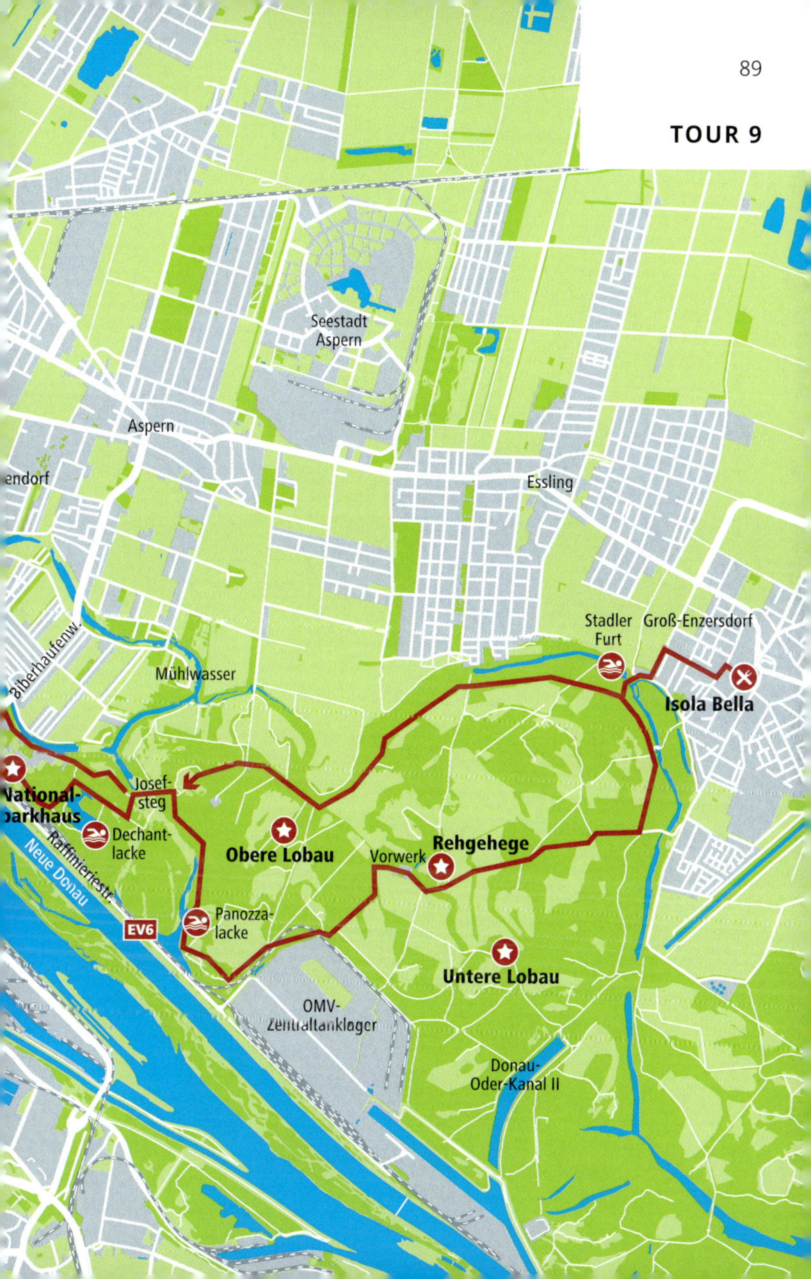
Seestadt
Aspern
Aspern
endorf
Essling
Biberhaufenw.
Mühlwasser
Stadler
Furt
Groß-Enzersdorf
Isola Bella
National-
parkhaus
Josef-
steg
Dechant-
lacke
Raffineriestr.
Neue Donau
EV6
Obere Lobau
Vorwerk
Rehgehege
Panozza-
lacke
Untere Lobau
OMV-
Zentraltanklager
Donau-
Oder-Kanal II

TOUR 10

Weite Sicht

Aussichtspunkt mit Bergwertung

Rund 320 Meter über dem Wiener Becken lässt einen der Kahlenberg bei gutem Wetter nicht nur Wien, sondern auch den Schneeberg und die kleinen slowakischen Karpaten sehen. Von der Stefaniewarte aus öffnet sich der Blick auf Niederösterreich. Um in den Genuss dieses Ausblicks zu kommen, müssen Radelnde auf dieser Tour allerdings die *Eiserne Hand* überwinden – eine gut asphaltierte, aber enorm steile kleine Straße durch die Weinberge. Vom Kahlenbergerdorf bis zum Kahlenberg sind es keine 3km, auf denen es aber fast 300 Höhenmeter hinaufzuradeln gilt. Absteigen ist hier zwischendurch keine Schande. Auf Teilabschnitten beträgt die Steigung deutlich mehr als 20%, da ziehen E-BikefahrerInnen mit einem kalten Lächeln an den schnaufenden Normalradlern vorbei.

START & ANREISE
1010 Wien, Schottenring
Linien U2, U4 › Schottenring

WEGVERLAUF
Donaukanal › Spittelau › Kahlenbergerdorf › Kahlenberg › Wildgrube › Nussberg › Donaukanal › Schottenring

TOUR
24km (2¼h) | R | 350hm
Ein langer sehr steiler Anstieg, größtenteils Asphaltwege

Donaukanalgeschichten

Los gehts mal wieder bei der U2-/U4-Station Schottenring am Franz-Josefs-Kai gegenüber dem Ringturm (Hintergründe dazu in Tour 1). Wir radeln kurz stromabwärts den Radweg entlang bis zur ersten Ampel, kreuzen an der Ampel und fahren links auf der Rampe hinunter. Nun geht es die Donaukanalradroute DK stromaufwärts weiter. Wir radeln zuerst an den *Schwimmenden Gärten* auf der *Kaiserbadschleuse* vorbei. Es handelt sich hier um eine alte Schleusenanlage, die Anfang des 20. Jahrhunderts gebaut wurde, um den Donaukanal schiffbar zu machen. Gegenüber dem Wehr befindet sich das *Schützenhaus* von Otto Wagner. Ursprünglich waren drei derartige Anlagen geplant, es blieb aber bei einer und auch diese ging nie wirklich in Betrieb. Der Name *Kaiserbadschleuse* entstand am Ende des 19. Jahrhunderts aufgrund einer der beliebten schwimmenden Badeanstalten im Donaukanal, die sich an dieser Stelle befand. Wir radeln gleich darauf an zwei Urgesteinen der gastronomischen Nutzung des Donaukanals vorbei – früher eine recht verwaiste Gegend, heute gut bespielt: Das *Flex*, das seit Silvester 1989 seine Heimstatt in einem besetzten Haus im 12. Bezirk hatte, zog in den frühen 90ern in einen leeren Tunnel der U-Bahnlinie U4 ein und gleich dahinter: Die *Summerstage*, mit der Mitte der 90er Jahre die Aufwertung des Donaukanals zu einer Gastro- und Freizeitmeile langsam, aber sicher begann.

Nachdem wir auf diesem sehr belebten Abschnitt erfolgreich allen Crossfit-Burschen und -Mädels ausgewichen sind, geht es am *Zaha-Hadid-Haus*, (Tour 3) dem Club *Das Werk* und der *Grellen Forelle* unterhalb des Müllheizkraftwerks Spittelau, einem der drei von Friedensreich Hundertwasser gestalteten bzw. in diesem Fall aufgehübschten Gebäuden Wiens, vorbei. Die Müllverbrennungsanlage wurde übrigens hier erbaut, um das nahegelegene AKH (Allgemeines

Das Werk

Krankenhaus) mit Wärme zu versorgen. Weiter stromaufwärts passieren wir bald das Nußdorfer Wehr, den eigentlichen Beginn des Donaukanals.

Jugendstillöwen

Wie so viele technische Bauwerke Wiens wurde auch dieses von Otto Wagner gestaltet. Neben der funktionalen Seite des Gebäudes wollte er auch donauseitig für eine repräsentative Stadteinfahrt sorgen. Das Gebäude sollte als Schutz vor Überschwemmungen dienen und die Gefahr der Eisstöße vor allem für die kanalnahen Stadtbezirke bannen. Obwohl man das aus heutiger Sicht vielleicht sonderbar finden mag, bedeutete jedoch Eisgang an der Donau bis ins 19. Jahrhundert hinein immer wieder eine Gefahr für die Stadt. So verloren 1830 alleine in der Leopoldstadt 70 Menschen ihr Leben in eiskalten Fluten, als ein Eisstoß, der sich im Donaukanal aufgetürmt hatte, brach und das Wasser noch tagelang Eisschollen durch den zweiten Bezirk trieb.

Die Eiserne Hand

Wir fahren am Ufer weiter und biegen kurz nach dem Yachthafen Kuchelau links unter eine Brücke hindurch zum Kahlenbergerdorf, das, obwohl es nicht so wirkt, zum Wiener Bezirk Döbling gehört. Wir halten uns gleich links und folgen der beschilderten Mountainbikestrecke und dem Stadtwanderweg 1 zur Eisernen Hand. Dieser einschüchternde Name weist schon irgendwie darauf hin, was uns erwartet und wen nach der anfänglichen Euphorie die Kräfte verlassen, der darf auch mal ein Stückerl schieben.

Weiter gehts für uns zum *Heurigen Hirt* – wer hier eine Rast macht, darf nicht nur mit toller Atmosphäre, sondern auch mit fantastischer Aussicht rechnen. Auf der Eisernen Hand hebt es uns nun immer wieder das Vorderrad in die Höhe, aber spätestens mit Erreichen des Nussbergs wissen

©Spiller

Müllverbrennungsanlage Spittelau

wir immerhin, dass wir den steilsten Abschnitt nun hinter uns gelassen haben. Eine Bank unter Bäumen für eine Rast mit wunderbarem Ausblick auf die Stadt bekommen wir als Belohnung. Das letzte Stück in Angriff nehmend, fahren wir über die Kahlenberger Straße und erreichen unser nächstes Ziel: den Kahlenberg.

Auf Jan Sobieskis Spuren

Wir sehen nun die Josefskirche, die an die geschichtliche Bedeutung dieses Gebiets erinnert: Hier sammelte Jan III. Sobieski das Entsatzheer zur Befreiung Wiens von der zweiten Türkenbelagerung 1683. Oder vielleicht doch nicht? Denn 1683 hieß der benachbarte Leopoldsberg noch Kahlenberg. Als dort dann die Leopoldskapelle errichtet wurde, erhielt er den passenden Namen und der ehemalige Josefsberg wurde zum Kahlenberg.

Nach einer verdienten Pause geht es noch ein kleines Stück bergauf. Wir

Wienblick

biegen auf der Straße, auf der wir hergekommen sind, die erste Abzweigung links in den Villenweg ein. Bald erreichen wir die Höhenstraße, ab hier geht es – meist auf Kopfsteinpflaster – endlich wieder bergab. Juhuuuu!

Nach zwei scharfen Serpentinen biegen wir in die Krapfenwaldgasse ein und folgen ihr ein Stück, bis wir nach links dem gelben Schild Richtung Wildgrube folgend in einen Pfad abbiegen. Mit herrlicher Aussicht geht es bis zum asphaltierten Weg mit dem klingenden Namen *Wildgrube*.

Ab hier lassen wir unseren Pedalen freien Lauf, denn es geht nun immer weiter bergab. Bis die Straße sich teilt, folgen wir der Wildgrube und verlassen diese dann rechts auf die Kahlenberger Straße. Wir bleiben ihr treu, bis sie auf die Heiligenstädter Straße trifft. Hier weisen uns schon Radwegschilder zum nahe gelegenen Donaukanalradweg DK.

Über diesen geht es retour. Wir können jetzt die müden Beine schonen und locker bis zu unserem Ausgangspunkt – dem Schottenring – rollen.

SEHENSWERTES

Mayer am Nussberg: Prämierter Wein & regionale Schmankerln bei Sonnenschein an einem der schönsten Plätze Wiens.
www.mayeramnussberg.at

Heuriger Hirt: Spanferkel & Co. mit Blick auf Kahlenbergerdörfl und Donau.
www.heuriger-hirt.at

Fahrradläden für unterwegs:
Bikers – am Donaukanal (Zaha-Hadid-Haus)
www.bikers.wien
Donau Fritzi – Radsport in Nussdorf
www.donau-fritzi.at

Baden mit Aussicht: Sehen und gesehen werden in Wiens höchstgelegem Sommerbad – dem Krapfenwaldlbad. Die Eröffnung fand bereits im Jahre 1923 statt und das Bad wurde kurz darauf an die Höhenstraße angeschlossen. Ab dem heißen Sommer 1979 wurde es Wiens erstes »oben-ohne Bad« Damals eine umstrittene Sensation.
www.wien.gv.at/freizeit/baeder

N
Gersthof
Türken-
schanzpark
AKH
Nußdorfer
Straße
U6
Gürtel
Müll-
verbrennungs-
anlage
Spittelau
U4
U6
S40
S40
Franz-Josefs-
Bahnhof
Heiligen
stadt
U4
Schottentor
Donaukanal
Roßauer
Lände
U4
Friedensbrücke
Ring
U4
DK
U2
U4
Schottenring
Schwimmende
Gärten
Augarten
Taborstraße

Bellevue
Höhe
Höhenstr.
Am
Cobenzl
Cobenzlgasse
Krapfenwaldg.
Höhenstr.
Höhenstr.
Krapfen-
waldlbad
Stefanie-
warte
Kahlenberg
Grinzing
Wildgrubgasse
Mayer am
Nussberg
Heuriger
Hirt
Nußberg
Leopolds-
berg
Eisernenhandg.
Beethoven-
park
Kahlenberger-
dorf
Kahlenberger Str.
Yacht-
hafen
Heiligenstädter Straße
Bahnhof
Nussdorf
S40
Donau
Nußdorfer
Wehr
Neue Donau

TOUR 11

Wasser & Wein

Heiße Quellen an sonnigen Hängen

Heute geht es um Thermen und Wein. Beides verdankt die Thermenregion den römischen Legionären, die einst in Carnuntum und Vindobona stationiert waren. Heiße Quellen und sonnige Hänge waren in der Gegend ausreichend vorhanden und die Römer wussten diese entsprechend zu nutzen. Im Mittelalter gründeten Zisterziensermönche dann mit dem Freigut Thallern eines der ältesten Weingüter Österreichs und die Badener Schwefelquellen bildeten den Grundstein für den wohl bedeutendsten Kurort der k.u.k. Monarchie: Baden bei Wien.

Platz vieler Plätze: Karlsplatz

Die Fahrt beginnt an einem zentralen Verkehrsknotenpunkt der Innenstadt, dem Karlsplatz. Unter diesem Namen existiert der Platz erst seit 1899, als er durch die Überbauung des Wienflusses entstand.

Ein Verkehrsknotenpunkt ist er aber schon lange, denn in der Gegend wurde bereits in der Antike eine Brücke zur Überquerung des Wienflusses errichtet, was man wohl als den Ursprung der Wiedner Hauptstraße bezeichnen kann. Im Mittelalter verband

START & ANREISE

1040 Wien, Karlsplatz/Operngasse

Linien U1, U2, U4 › Karlsplatz

WEGVERLAUF

Karlsplatz › Liesing › Perchtoldsdorf › Mödling › Baden › Bad Vöslau › Traiskirchen › Laxenburg › Karlsplatz

TOUR

80km (5½h) | R | 255hm

Moderate Steigungen, Asphalt- und Schotterwege

dann eine Brücke die Innere Stadt mit der Wiedener Vorstadt. Das markante Wahrzeichen des Platzes, nach dem er dann auch benannt wurde, ist die weithin sichtbare Karlskirche, deren Bau auf einem Gelübde Karls VI. während der Pestepidemie von 1713 beruht. Nach Abklingen der Pest errichtete Johann Fischer von Erlach auf einer Anhöhe zwischen der Innenstadt und dem Theresianum, der damaligen Sommerresidenz Favorita des Kaisers, eine der bedeutendsten barocken Kirchen. Benannt ist sie nach dem Pestheiligen Karl Borromäus, dem Namenspatron Karls VI. Vielleicht wollte der Kaiser diese Namensgleichheit auch nutzen, um sich selbst ein Denkmal zu setzen. Am

Karlsplatz liegen zum einen zahlreiche Prachtbauten wie *Musikverein*, *Künstlerhaus* und *Secession*, zum anderen war er auch lange Jahre bis ca. 2005 das österreichische Synonym für offenen Drogenkonsum und -handel.

Wir starten an der Ecke Operngasse und verlassen den Karlsplatz stadtauswärts über den Radweg Margaretenstraße. Bis nach Perchtoldsdorf (Marktplatz/Burg) ist der weitere Weg nun identisch mit der Tour 14.

Nach dem Marktplatz muss man bei der nächsten größeren Linkskurve aufpassen und sich nicht am Straßenverlauf orientieren, sondern einen schmalen Durchgang geradeaus nehmen, um dann dem Radweg Richtung Mödling zu folgen. Dieser führt uns in einer ausgedehnten Linkskurve in die Grenzgasse. Nun halten wir uns rechterhand bergab in Richtung des Dr.-Otto-Scheff-Wegs, ab dem wir dann dem Radweg zum Bahnhof Mödling folgen. Diesen lassen wir

Alter Bahnhof Perchtoldsdorf

links liegen und überqueren den Mödlingbach, bevor wir links in die Demel-/Weißes-Kreuz-Gasse einbiegen, auf der wir bis zur Andreas-Hofer-Gasse bleiben. In diese biegen wir links ein, erreichen die Bertha-von-Suttner-Promenade und schließlich die Guntramsdorfer Straße. Wir überqueren diese, halten uns links und erreichen den Weingartenradweg WEIN.

Winzerbrüder

Dieser ist nun gut beschildert, erste Station unseres Wegs ist das *Freigut Thallern*. Es war 870 Jahre im Besitz der Zisterzienser, die das Gebiet von Markgraf Leopold II. als Schenkung erhalten hatten. Sie gestalteten es nach dem Vorbild des Weinguts *Clos de Vougeot*, das zum Mutterkloster der Zisterzienser im Burgund gehörte. 2009 wechselte das Freigut dann in Privatbesitz und wird seit 2017 von der Familie Polz betrieben. Als nächstes fahren wir durch Gumpoldskirchen. Wer hier rasten möchte, kann einen kurzen Abstecher in den historischen Ortskern machen, in dem die Zeit stehengeblieben zu sein scheint. Die nächste Ortschaft am Weg ist Pfaffstätten, an das dann nahtlos Baden anschließt.

Bad und Spiele

Baden bei Wien hat eine große Tradition, die untrennbar mit den Schwefelquellen verbunden ist. Bereits die Römer nannten die Siedlung *Aquae* was unmittelbar auf die Heilquellen hinweist. Franz I. verbrachte hier dann bis 1835 vierzig Jahre lang jeden Sommer in seiner Sommerresidenz.

©Spiller

Schlaffässer in Gumpoldskirchen/Thallern

©AdobeStock/Waldteufel

Lanner-und-Strauss Denkmal Baden

In seinem Schlepptau befand sich das gesamte Gefolge und so avancierte der Ort zum Place to be während der Sommermonate. Ab 1812 wurde die Stadt nach einem Brand in großem Stil neu entworfen und von Josef Kornhäusl als Biedermeierstadt gestaltet. Wir erreichen das Stadtgebiet über den Kaiser-Franz Ring wo wir erst einen Minigolfplatz und dann den Kurpark mit dem *Casino* erreichen. Das prunkvolle Gebäude wurde 1886 als neues Kurhaus errichtet und 1934 zu einem Spielcasino umgebaut, was dem Kurort weiteren Auftrieb verlieh. Nach dem *Casino* halten wir uns am Mühlbach, hier muss man bei der Pelzgasse aufpassen, um nicht versehentlich den Weg Richtung Helenental einzuschlagen. Wer dies doch tut, kann auf dem Teich im *Doblhoffpark* Boot fahren oder im sehr netten Restaurant eine Jause einnehmen.

Wir biegen allerdings links in die Pelzgasse ein und erreichen in der

Doblhoffpark

Weilburgstraße gleich die nächste knifflige Stelle, da der Radweg versteckt links in die Schimmergasse einbiegt. Wenn wir uns jetzt nicht irgendwo verfahren haben, folgen wir unserem Radweg WEIN in den Weinort Sooß und weiter nach Bad Vöslau. Hier können wir die Tour im charmanten Thermalbad (Details: Tour 19) ausklingen lassen.

Mit oder ohne Badespaß folgen wir weiter dem Radweg und kommen in die Nähe des Bahnhofs Bad Vöslau. Wer nicht mit der Bahn retour fahren möchte, folgt dem Radweg über die Guttmannstraße und die Friesstraße zum ausgezeichnet beschilderten Thermenradweg EV9. Dieser führt uns entlang des Wiener Neustädter Kanals zurück zum Karlsplatz.

SEHENSWERTES

Doblhoffpark Baden: 30.000 Rosenstöcke und ein Ruderteich mit Ufercafé. *www.cafe-doblhoffpark.at*

Café Mühle Perchtoldsdorf: Kaffeespezialitäten und hausgemachte Mehlspeisen im historischen Kaffeehaus genießen. *www.muehle-pdorf.at*

Ein fast unendlicher Badespaß: Auf unserer Tour spielts warm (Römertherme Baden) und kalt (Thermalstrandbad Baden, Vöslauer Thermalbad, Windradlteich Guntramsdorf, Aqua Splash Traiskirchen, Laxenburger Badeteich).

2.181 Hektar Rebfläche: In der Thermenregion profitieren die edlen Reben von den trockenen Sommern und den verhältnismäßig kühlen Wintern. Da kann man nur kosten. *www.ausgstecktis.at*

Freigut Thallern: Das älteste Weingut Österreichs beeindruckt mit Optik und Geschichte. *www.freigut-thallern.at*

©AdobeStock/Zoltan

Radweg am Wiener Neustädter Kanal

©AdobeStock/rh2010

Karlskirche

Simmering
Erdberg
Unterlaa
Oberlaa
Leopoldsdorf
U1
S1-S4/S60
REX
Rothneusiedl
Favoriten
EV9
Liesing
S1
Haupt-
bahnhof
U1
U2
U4
Karlsplatz
Hennersdorf
S60
Inzersdorf
B17
Wienerberg
EV9
Westbahn-
hof
S1-S4/S60
Meidling
REX
Vösendorf
A2
Altmannsdorf
Alt-Erlaa
B17
Schönbrunn
Siebenhirten
Breitensee
Atzgersdorf
Liesing
S2-S4
Lainz
Mauer
Perchtoldsdorf
Hütteldorf
A21
Kalksburg
Auhof
Lainzer Tiergarten
Kaltenleutgeben
Breitenfurt
Ost
Breitenfurt

Münchendorf
A3
Schlosspark
Laxenburg
Trumau
A2
Oberwaltersdorf
Guntramsdorf
Windradlteich
Schwechat
WEIN
B17
Traiskirchen
Oeynhausen
Freigut
Thallern
Gumpoldskirchen
B17
Tribuswinkel
Wr. Neustädter Kanal
EV9
S3/S4
REX
Baden
S3/S4
REX
A2
Kurpark
Bad Vöslau
Doblhoffpark
Strandbad
WEIN
Sooß
Thermalbad
Gaaden
Helenental
Siegenfeld

TOUR 12

Steinbruch & See

An der Liesing vor die Tore der Stadt

Heute unternehmen wir eine Tour zu einem *Lost Ground* in schleichender Auflösung. Der alte Steinbruch und das Zementwerk Kaltenleutgeben wurden 1996 stillgelegt. Der Großteil der Anlage ist inzwischen verschwunden und Wohnbauten gewichen, geblieben ist ein *Steinbruchsee*, der zwar offiziell nicht zum Baden einlädt, aber eine sehr schöne Stimmung bietet.

START & ANREISE
1100 Wien, Hauptbahnhof
Linien U1, S, REX › Hauptbahnhof

WEGVERLAUF
Hauptbahnhof › Altes Landgut › Liesingbach › Alt-Erlaa › Kaltenleutgeben › Breitenfurt › Alt-Erlaa › Wienerberg

TOUR
50km (4h) I R I 440hm
Einige Steigungen, Asphalt- und Schotterwege, kurze Waldstrecke

Favoriten und der Fußball

Wir starten am Haupteingang des Hauptbahnhofs, einem für die WienerInnen immer noch relativ neuen Infrastrukturprojekt. Der 2015 in Betrieb gegangene Bahnhof ist der erste zentrale Hauptbahnhof der Stadt. Früher gab es zahlreiche Kopfbahnhöfe, die den Verkehr in die jeweilige Himmelsrichtung abwickelten (den West- und den Franz-Josefs-Bahnhof gibt es heute noch).

Wir umrunden den Hauptbahnhof rechts unterhalb der Gleise und fahren links die Sonnwendgasse entlang. Schon nach kurzer Strecke sehen wir die erste Beschilderung Richtung EV9 Laxenburg, der wir ab nun immer folgen. An der großen Kreuzung Sonnwendgasse/Gudrunstraße halten wir uns wieder links und folgen dem Radweg bis zur beschilderten Abzweigung Steudelgasse (rechterhand). Nachdem wir die Laaer-Berg-Straße gequert haben, halten wir uns links und passieren den *FavAC-Platz*. Der Favoritner AC spielte letztmals Mitte der 80er Jahre in der ersten österreichischen Bundesliga, die damals noch zahlreiche Wiener Vereine zierten.

Als nächstes kommen wir an der *Generali-Arena* vorbei, in der die Austria Wien seit 1973 ihre Heimspiele austrägt. Neben Rapid Wien ist die Austria der einzige österreichische Club, der ununterbrochen der 1911 gegründeten ersten Bundesliga angehört.

Nun geht es über den Verteilerkreis Favoriten (U-Bahn-Station Altes Landgut). Vorsicht, hier nicht in die Favoritenstraße einbiegen, sondern der Beschilderung auf einen Kiesweg folgen. Wir treffen auf die Liesing, einen 30km langen kleinen Fluss, der im Wienerwald entspringt und in die Schwechat mündet (Details: Tour 14). Wir folgen dem Liesingbachradweg flussaufwärts. Unterwegs kommen wir am Wohnpark Alterlaa vorbei (Tour 14). Wir ignorieren den Laxenburgradweg und bleiben auf dem Liesingbachradweg bis zum Abzweiger nach links in Richtung Liesinger Platz. Nach der Durchfahrt der Unterführung am Liesinger Bahnhof müssen wir die Breitenfurter Straße queren, was aufgrund des meist starken Verkehrs eher unangenehm ist. Am besten geht dies nach der Unterführung rechts am Kreisverkehr vorbei auf der Spur geradeaus zum Radweg auf der anderen Seite. Man sieht hier den Turm der ehemaligen Braue-

Steinbruchsee

rei Liesing, wo sich inzwischen ein Stadtentwicklungsgebiet befindet. Ab hier geht es nun wieder an der Liesing entlang in Richtung Kalksburg.

Wien und das Wasser

Wir unterqueren einen Rundbogen eines über 700m langen Aquädukts der I. Wiener Hochquellwasserleitung aus dem Jahr 1873. Diese rund 95km lange Wasserleitung aus dem Rax- bzw. Schneeberggebiet liefert noch heute über 50% des Wiener Trinkwassers über natürliches Gefälle durch zahlreiche angelegte Stollen und 29 weitere Aquädukte. Wir halten uns an die Beschilderung nach Kalksburg und verlassen den Weg erst an der Fürst-Liechtenstein-Straße nach links, um ihr bis zur Ketzergasse zu folgen. Über die Ketzergasse und die Willergasse sowie einen kurzen und knackigen Anstieg, erreichen wir die Bergkirche Rodaun, ein sehr eindrucksvolles Barockgebäude.

Nach kurzer Umschau und Durchschnaufen geht es weiter die Willergasse entlang, über die Kaltenleutgebner Straße an der Ortstafel Perchtoldsdorf vorbei. Hier halten wir uns gleich rechts und folgen schließlich den Bahngleisen.

Steinbruch und der See

Wir passieren den Steinbruch, sowie ein altes Werksgebäude zu unserer linken und folgen weiter den Wegweisern nach Kaltenleutgeben. Nach einem Schranken geht es nun ein gutes Stück bergauf, bis wir schließlich den Steinbruchsee Fischerwiese

©Spiller
Aquädukt der Wiener Hochquellwasserleitung

©Jine
Liesingbach bei Alt-Erlaa

erreichen. Links zweigt ein kleiner Weg zum Ufer ab, man erkennt ihn gut an den Mistkübeln. Hier haben wir unser Rad hineingeschoben. Der See lädt mit einer lauschigen Stimmung zum Verweilen ein. Wir waren leider in der Dämmerung da und teilten uns den See mit jeder Menge Gelsen. Insofern ist es gut, etwas Langärmliges im Gepäck zu haben.

Nun gehts Richtung Kaltenleutgeben. Nach dem See biegen wir rechts ab und folgen dem Wegverlauf. Nach einem kurzen Stück bergauf, halten wir uns rechts bis zu einem alten Gasthof. Dort gehts dann bergab und rechts über die Berggasse in die Promenadegasse. Nun halten wir uns links bis zur Wallfahrtskirche in Kaltenleutgeben. Nach diesem Abstecher radeln wir auf der Promenadengasse retour und folgen dann der Liesing in Richtung Perchtoldsdorf. Am Abzweig zum Steinbruchsee können wir entweder auf bekannten Weg zurückfahren oder auf eine Jause zur *Wiener Hütte* – ein bissiger Anstieg inklusive – radeln. Dafür müssen wir der Kaltenleutgebner Straße ein kurzes Stück nach links bis zum Schild Wiener Hütte folgen. Diese liegt dann sehr schön eingebettet zwischen Wald und Wiese.

©Spiller

Ruine einer Zementabfüllanlage

Nach einer Stärkung geht es hinter der *Wiener Hütte* durch den Wald relativ steil auf dem Stadtwanderweg 6 Richtung Breitenfurt bergab. Bei einer kleinen Weggabelung halten wir uns links, bis wir wieder ins Ortsgebiet kommen. Nun radeln wir erst rechts die Buchengasse hinunter und dann wieder rechts in die Waldstraße, wo uns bald Wegweiser in Richtung Tennisplatz und Wien lotsen. Es geht jetzt weiter an der Reichen Liesing entlang, bis wir die Stadtgrenze erreichen. Wir folgen den Wegweisern in Richtung Kalksburg und radeln auf dem Liesingbachradweg zurück. Wahlweise kann man auch kurz nach

Alterlaa an der Straßenkreuzung Gutheil-Schoder-Gasse auf der linken Seite bleiben und über die Autobahnbrücke mit Ausblick auf die Wienerberg-Towers in den 10. Bezirk zurückkehren. Nach der Admiral Dome-Halle rechts einbiegen und links neben dem Golfplatz Wienerberg bergauf, bis wir diesen passiert haben.

Dann rechts halten, die Triester Straße queren und im Wienerberg-Areal den Wegweisern Richtung Verteilerkreis folgen. Nachdem wir die Laxenburger Straße gequert haben, folgen wir den Schildern zum Reumannplatz, wo wir uns kurz vor Abschluss der Tour noch mit einem *Gefrorenen* beim prominentesten Wiener Eissalon belohnen können. *Tichy* existiert seit fast 70 Jahren und ist wahrscheinlich nicht nur der bekannteste Eissalon Wiens, sondern auch der größte Europas. An heißen Tagen werden hier gezählt bis zu 10.000 Menschen mit Eis versorgt. Von hier biegen wir erholt und abgekühlt in die Rotenhofgasse ein und fahren bis zur Columbusgasse weiter, der wir bergab bis zum Columbusplatz und schließlich zum Hauptbahnhof folgen.

SEHENSWERTES

Belohnungen auf der Radltour:
Gebackenes & Gebratenes im Grünen – *www.wienerhuette.wien*
Hochsaison im Eissalon – *www.tichy-eis.at*
Krapfenglück – *groissboeck.at*

Paradies Teufelstein-Fischerwiesen
Zu dem schon seit etlichen Jahren bestehenden Naturschutzgebiet *Teufelstein* kam 2016 das Areal der *Fischerwiesen* hinzu. Dieses ehemalige Steinbruchgelände, im Tal der Dürren Liesing gelegen, wurde nach Ende des Abbaus nicht verfüllt, sondern konnte sich seit den 1980er Jahren ganz natürlich entwickeln. Dazu gehört auch der 23m tiefe Grundwassersee, der an drei Seiten von felsigen Steilufern umgeben ist und wunderschön anzusehen ist. Das Areal *Fischerwiesen* ist der artenreichste Amphibien- und Reptilienlebensraum im Wienerwald und der gesamten Wiener Umgebung geworden.

©Spiller

Wienerberg-City

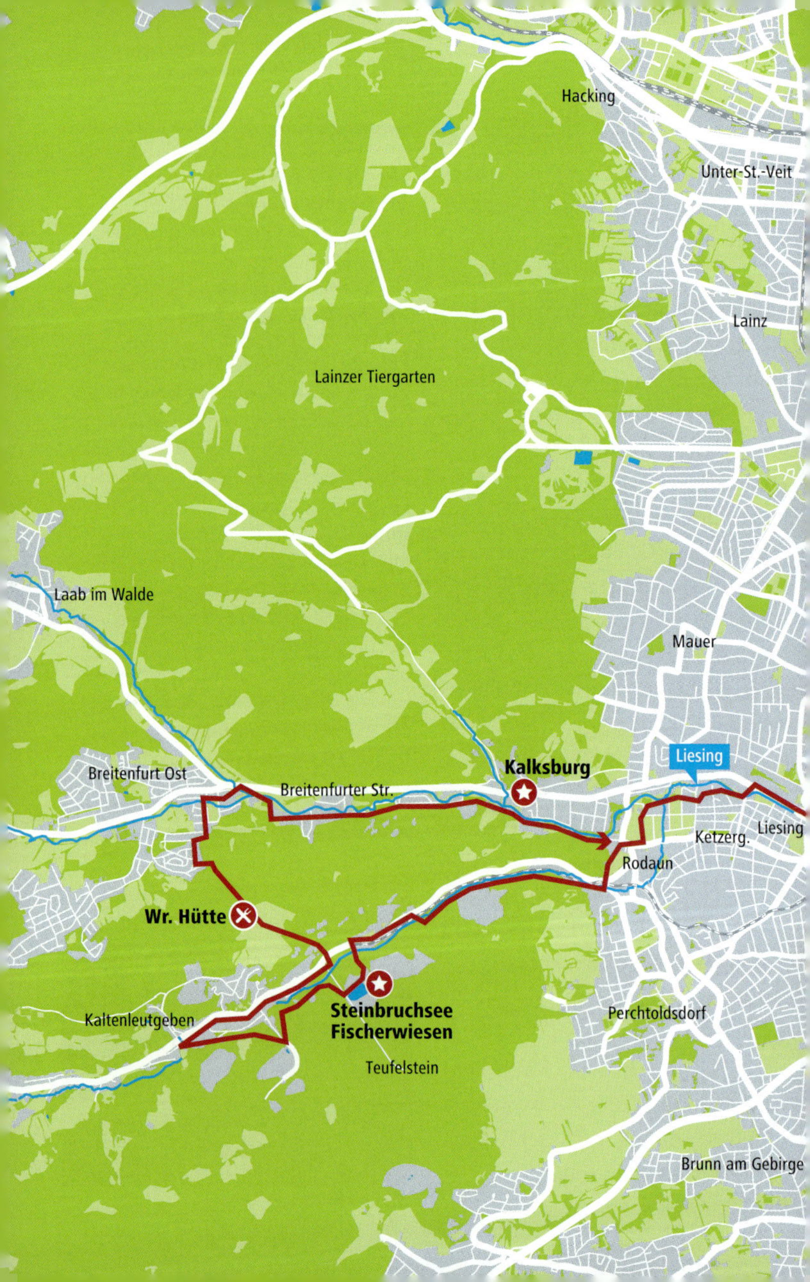

Hacking
Unter-St.-Veit
Lainz
Lainzer Tiergarten
Laab im Walde
Mauer
Liesing
Kalksburg
Breitenfurt Ost
Breitenfurter Str.
Ketzerg.
Liesing
Rodaun
Wr. Hütte
Steinbruchsee
Fischerwiesen
Kaltenleutgeben
Teufelstein
Perchtoldsdorf
Brunn am Gebirge

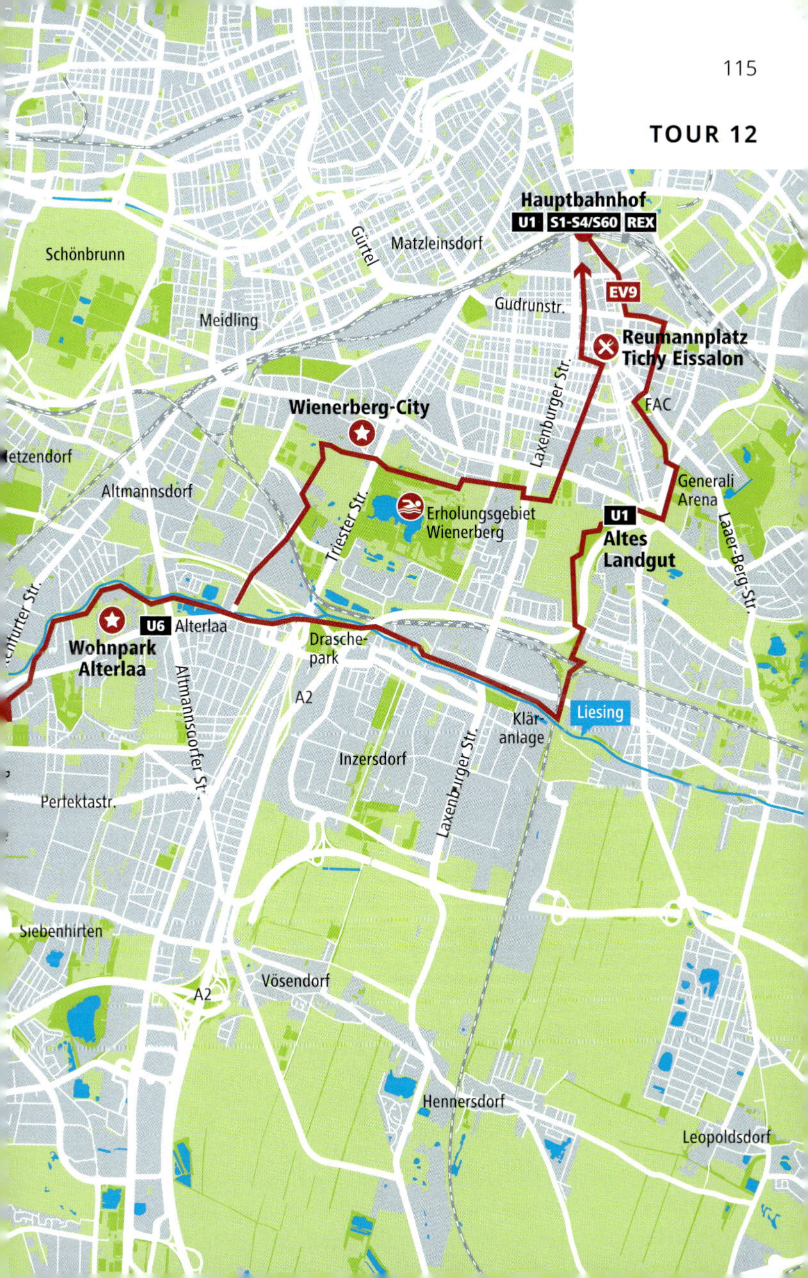
Hauptbahnhof
U1
S1-S4/S60
REX
EV9
Reumannplatz
Tichy Eissalon
FAC
Generali
Arena
U1
Altes
Landgut
Laaer-Berg-Str.
Schönbrunn
Gürtel
Matzleinsdorf
Gudrunstr.
Meidling
Wienerberg-City
Laxenburger Str.
Altmannsdorf
Triester Str.
Erholungsgebiet
Wienerberg
U6
Alterlaa
Wohnpark
Alterlaa
Drasche-
park
A2
Altmannsdorfer Str.
Kläranlage
Liesing
Inzersdorf
Laxenburger Str.
Perfektastr.
Siebenhirten
Vösendorf
A2
Hennersdorf
Leopoldsdorf

BEWEGTE APOTHEKE
– FREUDE AN BEWEGUNG

GEHEN SIE MIT UNS ...

...gemeinsam in der Gruppe unter Anleitung von BewegungstrainerInnen. Ein kostenloses Nordic Walking Angebot der Wiener Gesundheitsförderung in Kooperation mit Wiener Apotheken.

GRATIS ANGEBOT

WiG WIENER GESUNDHEITSFÖRDERUNG

Für die Stadt Wien

www.wig.or.at/bewegteapotheke

TOUR 13

Hidden Places

Berg- und Talfahrt zu geheimnisvollen Locations

Unsere heutige Tour führt uns auf die elegante Seite der Stadt. Wir radeln durch den 9., 18. und den 19. Bezirk. Obwohl wir die ganze Zeit innerhalb der Stadtgrenzen bleiben, machen wir durchaus ein paar Höhenmeter. Wir starten wieder mal bei der U2-/U4-Station Schottenring am Ringturm (Infos in Tour 1).

START & ANREISE
1010 Wien, Schottenring
Linien U2, U4 › Schottenring

WEGVERLAUF
Schottenring › Währing › Gersthof › Neuwaldegg › Salmannsdorf › Döbling › Spittelau › Schottenring

TOUR
25,5km (2¾h) | R | 350hm
Einige Steigungen, Asphalt- und Waldwege, urbaner Verkehr

Perlen des Alsergrunds

Zuerst queren wir den Ring und fahren an der ehemaligen Rossauer Kaserne vorbei bis zur Berggasse, in die wir links einbiegen. Die Rossauer Kaserne war Teil eines Verteidigungskonzepts des Staates gegen eine möglicherweise aufständische Bevölkerung und wurde nach den Erfahrungen rund um die Revolution von 1848 geplant. Die zweite tatsächlich verwirklichte Kasernenanlage am Rand der Inneren Stadt wurde Anfang des 20. Jahrhunderts demoliert und machte unter anderem für Otto Wagners *Postsparkasse* Platz. In der Berggasse 19 lebte und arbeitete Dr. Sigmund Freud 47 Jahre. Es handelt sich somit um das Geburtshaus der Psychoanalyse. Wir folgen der Berggasse, die einen etwas komplizierten Verlauf nimmt und biegen dann rechts in die Liechtensteinstraße ein. Hier befindet sich das *Gartenpalais Liechtenstein* mit dem angeschlossenen Barockgarten. Im römischen Stil einer Gartenvilla erbaut, diente es der Familie Liechtenstein im Sommer als Zuflucht aus der beengten Innenstadt. Links gegenüber lohnt es sich in der Pasteurgasse die *Strudlhofstiege* zu ersteigen.

Neben der literarischen Bedeutung als Namensgeberin von *Heimito von Doderers* berühmtem Roman ist sie auch architektonisch eines der zahlreichen Wiener Juwelen des Jugendstils und ein Beispiel für die Kombination von Zweckmäßigkeit und künstlerischer Gestaltung. Auf der Alserbachstraße fahren wir links an der Markthalle vorbei und dann rechts in die Fuchsthallergasse in Richtung Gürtelradweg. Am Gürtel angelangt, fahren wir über den Radweg in die schräg links liegende Schulgasse. Diese führt uns zum charmanten Kutschkermarkt. Je nach Wochentag gibts neben fixen Standlern auch einen Bauernmarkt und in der warmen Jahreszeit bietet sich hier ein Frühstück inmitten des eher schicken Publikums des Bezirks an. Bevor wir weiter in Richtung Türkenschanzpark geradelt sind, haben wir am Bauernmarkt noch 3kg Erdäpfel erworben, die in der Gepäckträgertasche Platz gefunden haben.

Sternderl schauen

Zwei Gassen vor dem Türkenschanzpark kann man seit 2013 unter der Woche auch einen Blick in den *Sternwartepark* werfen. Hier steht das größte Sternwartengebäude Europas. Seit rund 130 Jahren. Und so lange war auch der umliegende Park prak-

Strudlhofstiege

tisch sich selbst überlassen, da er für die Öffentlichkeit gesperrt war. Dadurch konnte ein faszinierendes Stadtbiotop entstehen. 1973 trat sogar der Wiener Bürgermeister Felix Slavik zurück, weil seine geplante Bebauung des Areals durch eine Volksbefragung verhindert worden war.

Englischer Garten

Einen ganz anderen Charakter hat der riesige *Türkenschanzpark*. Das Areal hat seinen Namen von den Verteidigungsanlagen der Türken, die sich hier während der beiden Belagerungen Wiens befanden. Ursprünglich lag dieser nach englischem Vorbild gestaltete Park außerhalb der Stadt. In seiner Eröffnungsrede des Parks betonte Kaiser Franz Joseph, wie schön es wäre, wenn diese Grenze bald fallen könnte, was dann ein paar Jahre später auch geschah.

Wir verlassen den Park bei der Hockegasse und stellen an einem kurzen Anstieg nach der ehemaligen Semmelweisklinik fest, dass der Erdäpfelkauf vielleicht doch nicht die beste Idee war. Ordentlich außer Atem erreichen wir das *Schafbergbad*, eines der öffentlichen Schwimmbäder mit Wienblick. Beschwingt von der kurzen Fahrt bergab erreichen wir nach einem Waldstück bald den Hanslteich, an dem auch ein sehr schönes Lokal liegt. Die weitere Fahrt über einen kleinen Pfad macht mit einem geländegängigen Rad doppelt Spaß, allerdings muss man aufpassen, nicht den Wanderern in die Quere zu kommen. Hier ein kleines Stück nach links

©Spiller

Türkenschanzpark

©Spiller

Standler am Kutschkermarkt

und über die Artariastraße auf die Höhenstraße, der wir nach rechts bis nach Salmannsdorf folgen. Unsere Route führt geradeaus in die Keylwerthgasse bis zu deren Ende und dann nach rechts immer geradeaus über die Weinberge.

Ein Wasserschloss?

Unser nächstes Ziel ist das *Wasserschloss Hackenberg*. Dazu fahren wir ein kurzes Stück den Hackenbergweg gegen die Einbahn. Wer sein Rad (und sich selbst) liebt, der schiebt das kurze Stück. Am Wasserschloss angekommen, stellt sich sofort die Frage, um welches Gebäude es sich hier tatsächlich handelt. Es ist ein Wasserbehälter, der im Zuge des Baus der II. Wiener Hochquellwasserleitung Anfang des 20. Jahrhunderts errichtet wurde. Der größte Teil ist unsichtbar und mit Erde überschüttet und kann rund 11 Mio. Liter Wasser fassen. Nun rollen wir locker talwärts am Friedhof Sievering vorbei bis zum Sonnbergplatz, wo wir

Rast bei Neustift am Walde

links in die Obkirchergasse abzweigen, um dann der Billrothstraße bis zum Rudolfinerhaus zu folgen. Wir folgen kurz der Silbergasse, um gleich wieder rechts in die Nusswaldgasse einzubiegen, in der sich ein wenig versteckt die *Zacherlfabrik* befindet.

Orient im Okzident

Hier produzierte Johann Zacherl Ende des 19. Jahrhunderts ein höchst wirksames und erfolgreiches Pulver gegen Insektenbefall, dessen Wirkstoff er aus einer Pflanze gewann, die er auf seinen Reisen durch den Kaukasus kennengelernt hatte. Um dem günstigen Mittel einen exotischen und luxuriösen Touch zu verleihen, ließ er die persisch anmutende Fabrik errichten. Das Stadthaus der Familie zitiert ebenfalls das Thema Insekten und befindet sich im 1. Bezirk an der Brandstätte. Um wieder zu unserem Ausgangspunkt zu gelangen, fahren wir die Nusswaldgasse weiter bergab zur Döblinger Hauptstraße und folgen ihr bis zur Guneschgasse. Am Ende dieser Gasse kommen wir über einen Steg zur U4-/U6-Station Spittelau und radeln dann auf dem Donaukanalradweg gemütlich retour bis zum Schottenring.

SEHENSWERTES

Markt- und Bienentreiben:
Kutschkermarkt – Von Biogemüse bis Weltmeister Kebap, *www.amkutschkermarkt.at*
Leckerer Honig aus der Stadtwildnis Sternwartepark, *wp.bienenwerkstatt.at*
Markt am Sonnbergplatz – klein aber fein, *www.wien.gv.at/freizeit/einkaufen/maerkte*

Schafbergbad: Das Sommerbad lockt nicht nur mit schöner Aussicht, sondern auch mit einer 102m langen Wasserrutsche.
1180 Wien, Josef-Redl-Gasse 2

Klee am Hanselteich: In traumhaftem Ambiente Tafelspitz und Wiener Schnitzel genießen. *www.klee.wien*

Neustift am Walde: Authentische Heurige mit regionalen Schmankerln *www.wienerwein.at*

Sigmund-Freud-Museum: In Freuds ehemaligen Lebensräumen finden wir eine Ausstellung zur Geschichte der Psychoanalyse. *www.freud-museum.at*

Zacherlfabrik

Bellevue Höhe
Neuberg
Salmanns-dorf
Hameau
Salmannsdorfer Str.
Wasserbehäl
Hackenberg
Neustift am Walde
Höhenstraße
Hackenbergw
Krottenbachstraße
Tiefau-wiese
Michaeler-berg
Höhenstraße
Exelbergstr.
Pötzleinsdorfer Schlosspark
Neuwald-egg
Schafberg
Hanslteich
Schafbergbad
Neuwaldeg. Str.
Neuwaldeg. Str.
Schloss Neuwaldegg
Bastienga
Czartoryskigasse
Dornbach
Alszeile
Heuberg
Hernal Friedh
Ottakringer Friedhof
Ottakring
Steinhof

Nussdorf
Grinzing
Heiligenstädter Park
Hohe Warte
Heiligenstadt
U4 S45
Sieveringer Str.
Barawitzkagasse
Weinberggasse
S45
Sonnberg-platz
Ober-döbling
Zacherl-fabrik
Wertheim-steinpark
Döblinger Hptstr.
Donaukanal
Türken-schanzpark
Peter-Jordan-Str.
U4 U6 Spittelau
Nußdorfer Straße
U6
EV9
Sternwarte-park
Türkenstr.
Gürtel
Gentzgasse
Schulgasse
Währinger Straße Volksoper
U6
U4 Friedensbrücke
Augarten
Liechten-steinpark
Michelbeuern
U6
AKH
Strudlhof-stiege
U4 Roßauer Lände
ernals
Gürtel
Freud-Museum
U2 U4
Schottenring
U6
Alser Straße
Schottentor
Rathaus
Stephansplatz

Burg & Bergwerk

Von Sprengungen und Stammsitzen

Unsere Fahrt beginnt im 4. Wiener Gemeindebezirk, am Karlsplatz. Wir starten an der Ecke Operngasse und verlassen den Karlsplatz stadtauswärts über den Radweg Margaretenstraße. Hier folgen wir gut ausgeschildert den Wegweisern in Richtung Philadelphiabrücke. Wir queren die Reinprechtsdorfer Straße, vorbei am Siebenbrunnencafé, -platz und in die -gasse und bleiben auf dem bezeichneten Radweg. Bei der U-Bahnstation Philadelphiabrücke, die inzwischen Bahnhof Meidling heißt, angekommen, umrunden wir das Stationsgebäude, um nach der Ampel dann die ehemals namensgebende Brücke zu überqueren. Beim Spielplatz halten wir uns rechts und folgen der Bahnlinie bis zur nächsten Kreuzung, wo wir uns diagonal gegenüber in Richtung Oswaldgasse orientieren. Unter Bäumen geht es hier auf dem Radweg bis zur Altmannsdorfer Kirche. Diese lassen wir links liegen und biegen dann rechts in die Hetzendorfer Straße und dann gleich wieder links in die Rothenburgstraße ein.

Die Liesing im Blick

Hier fahren wir immer geradeaus bis zur beschilderten Radabzweigung Richtung Liesingbach. Die Liesing ist ein 30km langer kleiner Fluss, der im Wienerwald entspringt und in die Schwechat mündet, dem 23. Bezirk seinen Namen gab und historisch zum Antrieb von Wassermühlen genutzt wurde. Mit Industrialisierung und Bevölkerungswachstum nahm die Belastung mit Abwässern immer stärker zu. Um die Hochwassergefahr zu reduzieren – wie der Wienfluss ist auch die Liesing ein Wildbach und kann sehr stark ansteigen – wurde die Liesing bis in die 1970er Jahre stark reguliert. Erst Renaturierungen etwa ein Jahrzehnt danach, haben den Fluss dann zu einem beliebten Naherholungsgebiet gemacht.

START & ANREISE

1040 Wien, Karlsplatz/Operngasse
Linien U1, U2, U4 › Karlsplatz

WEGVERLAUF

Karlsplatz › Meidling › Liesing › Perchtoldsdorf › Mödling › Vösendorf › Favoriten › Hauptbahnhof › Karlsplatz

TOUR

49km (3½h) | R | 290hm
Mittlere Steigungen, Asphalt- und Schotterwege, urbaner Verkehr

Schwimmen am Dach

Wir folgen dem Radweg und sehen bald die mächtigen Gebäude des *Wohnparks Alterlaa*, einer in den 70er Jahren gebauten Wohnanlage für 9.000 Bewohner, die als Stadt in der Stadt vom Architekten und Bühnenbildner *Harry Glück* konzipiert wurde. Neben Kindergärten, Schulen, einer Kirche und zahlreichen Einkaufsmöglichkeiten finden sich zwischen den Gebäuden parkähnliche Grünflächen mit zahlreichen Freizeiteinrichtungen. Charakteristisch für die Arbeit des Architekten sind die großen Pflanztröge bis in den 12. Stock, die wie ein kleiner Garten den Balkonen vorgelagert sind, sowie die Swimming-Pools in 60m Höhe auf den Dächern der Anlage.

Kurz nach einem Fitness-Parcours darf man den Beschilderungen nicht wirklich vertrauen, da wir hier den Liesingbach verlassen und uns bald links in Richtung Liesinger Platz orientieren. Die Wegweiser führen uns

Burg Liechtenstein

bis zur Unterführung beim Bahnhof Liesing, wo man absteigen und schieben muss. Wir halten uns dann links, überqueren kurz darauf eine Brücke und erreichen nach einer Fahrt an den Gleisen anschließend als nächsten markanten Punkt den alten Bahnhof Perchtoldsdorf.

Ab hier folgen wir dann der Familienroute Richtung Perchtoldsdorfer Marktplatz. Dort angelangt, lädt uns ein kleines feines Eisgeschäft mit Blick auf Burg und Marktplatz zu einer kurzen Pause ein. Mit ausreichend Kohlenhydraten gestärkt, geht es dann weiter in Richtung Mödling. Bevor wir den Brunner Weinwanderweg erreichen, müssen wir uns noch über den steilsten Anstieg der Tour quälen. Der Weinwanderweg an sich ist angenehm zu befahren und bietet neben zahlreichen Informationstafeln rund um das Thema Wein auch eine famose Aussicht. Wir sehen Wien, das südliche Niederösterreich, sowie den Anninger und vor allem unser nächstes Ziel, die Burg Liechtenstein.

Burg Liechtenstein

Auf einem schmalen Felsrücken steht hoch über Maria Enzersdorf der Stammsitz des Hauses Liechtenstein. Nachdem Hugo von Petronell im 12. Jahrhundert erste Teile der Burg auf dem hellen bzw. lichten Stein errichtet hatte, benannte er sich in Hugo von Liechtenstein um. Damit wird er zum Stammvater des Fürstenhauses Liechtenstein. Wie lang die Burg dann im Besitz der Familie war, ist unklar, da sich die Interessen der Familie nach

©Spiller

Blick auf Burg Liechtenstein

©Spiller

Weinreben

Böhmen verlagerten. Nachdem über mindestens 450 Jahre die Burg immer wieder die Besitzer wechselte, kaufte Fürst Johann I. zu Liechtenstein den Stammsitz des Hauses im Jahr 1808 zurück. Nun wurden zahlreiche Renovierungsarbeiten durchgeführt und die Burg zu einem Museum umgebaut. Um den Vorstellungen einer mittelalterlichen Burg zu entsprechen, erhielt Liechtenstein u.a. ein Burgverlies und einen Rittersaal. Unterhalb der Burg wurde das Schloss Liechtenstein gebaut und der Liechtensteinische Landschaftsgarten angelegt. Nach Besichtigung der Burg Liechtenstein fahren wir zurück zur großen Kreuzung und dann die Johannesstraße ein Stück bergab, wobei wir den Schildern zur Seegrotte Hinterbrühl folgen.

Seegrotte Hinterbrühl

Hier handelt es sich um ein ehemaliges Gipsbergwerk, in das durch eine Sprengung im Jahr 1912 riesige Men-

Ausblick vom Brunner Weinwanderweg

gen Wasser eindrangen und den größten unterirdischen See Europas mit einer Fläche von 6.200m² schufen. In den 30er Jahren wurde ein Schaubergwerk eröffnet und die Seegrotte entwickelte sich zu einem beliebten Ausflugsziel. Während des II. Weltkriegs wurde versucht, die Stollen kriegsrelevant zu nutzen und so wurde 1944 der See abgepumpt, um eine unterirdische Fabrik für Flugzeugmotoren zu betreiben. Ein Mahnmal erinnert an die vielen KZ-Häftlinge, die unter furchtbaren Bedingungen in der Fabrikation arbeiten mussten. Momentan ist das Bergwerk geschlossen, es soll aber natürlich ab 2022 wieder öffnen.

Nun geht es weiter über die Graf Mailath Gasse, bis wir bei der nächsten kleinen Brücke auf den Mödlingbach und den zugehörigen Radweg treffen. Dieser führt uns durch Mödling an einigen einladenden Lokalen vorbei, bis wir nach Wiener Neudorf kommen. Kurz nach Wiener Neudorf unterqueren wir die Südautobahn und treffen bald auf den Radweg EV9. Auf diesem biegen wir links ein und folgen ihm bis zum Karlsplatz.

SEHENSWERTES

Heurige in Perchtoldsdorf, Mödling & Wr. Neudorf: Eine übersichtliche Achterlplanung im Umland der Bundeshauptstadt findet ihr auf: *www.ausgstecktis.at*

Das Eis: Am Perchtoldsdorfer Marktplatz beginnt im März die Eiszeit. *www.daseis.at*

Burg Liechtenstein: Spezielle Themenführungen geben einen Einblick in die turbulente Geschichte des alten Gemäuers. *www.burgliechtenstein.eu*

Seegrotte Hinterbrühl: Bootsfahrt unter Tage auf Europas größtem unterirdischen See (2021 wegen Renovierungsarbeiten geschlossen). *www.seegrotte.at*

Mödlings Bacherl: Der Mödlingbach findet seinen Ursprung am Winkelberg bei der Wöglerin. Von Hinterbrühl bis Achau, hier mündet er in die Schwechat, können wir seinen Begleitwegen folgen. Und diese werden dank des Rückbaus der Regulierung Stück für Stück attraktiver.

©Spiller

Seegrotte Hinterbrühl

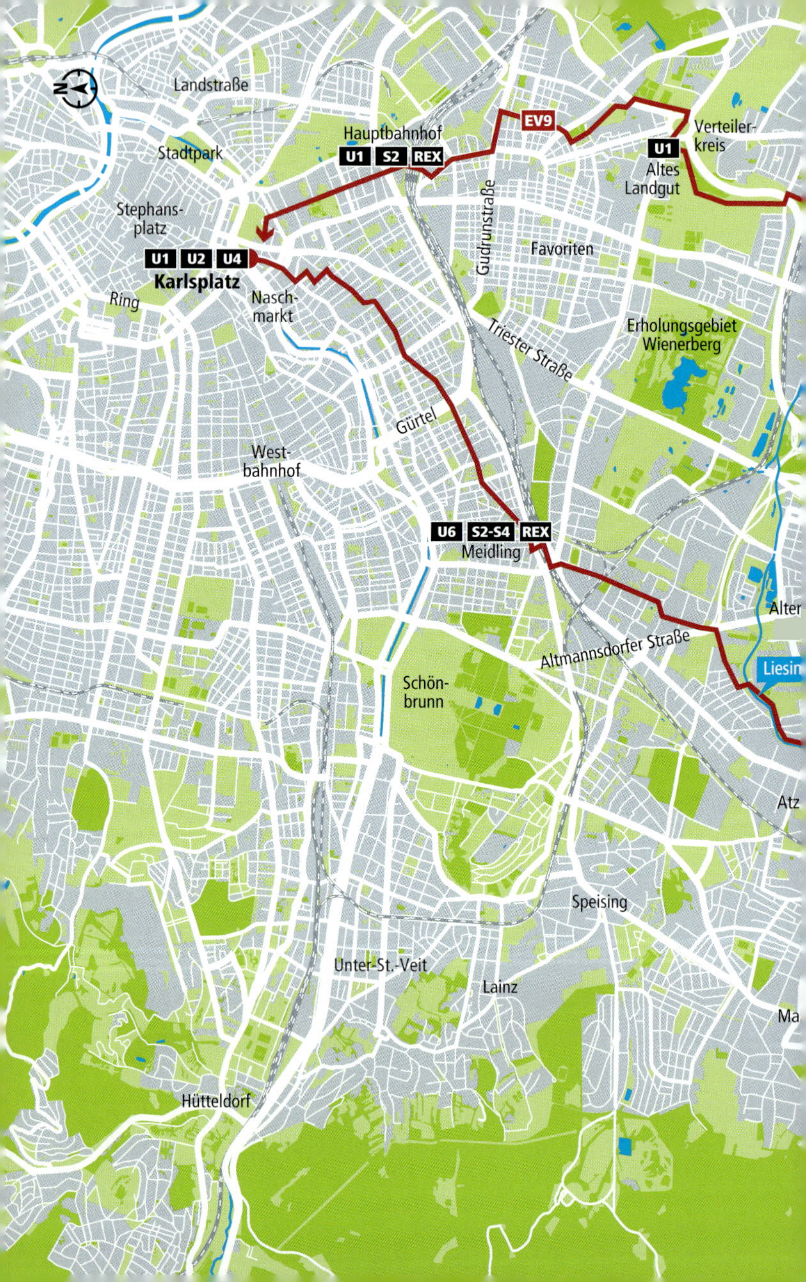
Landstraße
Stadtpark
Hauptbahnhof
U1 S2 REX
EV9
Verteiler-
kreis
U1
Altes
Landgut
Stephans-
platz
U1 U2 U4
Karlsplatz
Ring
Nasch-
markt
Gudrunstraße
Favoriten
Triester Straße
Erholungsgebiet
Wienerberg
Gürtel
West-
bahnhof
U6 S2-S4 REX
Meidling
Alter
Altmannsdorfer Straße
Liesin
Schön-
brunn
Atz
Speising
Unter-St.-Veit
Lainz
Ma
Hütteldorf

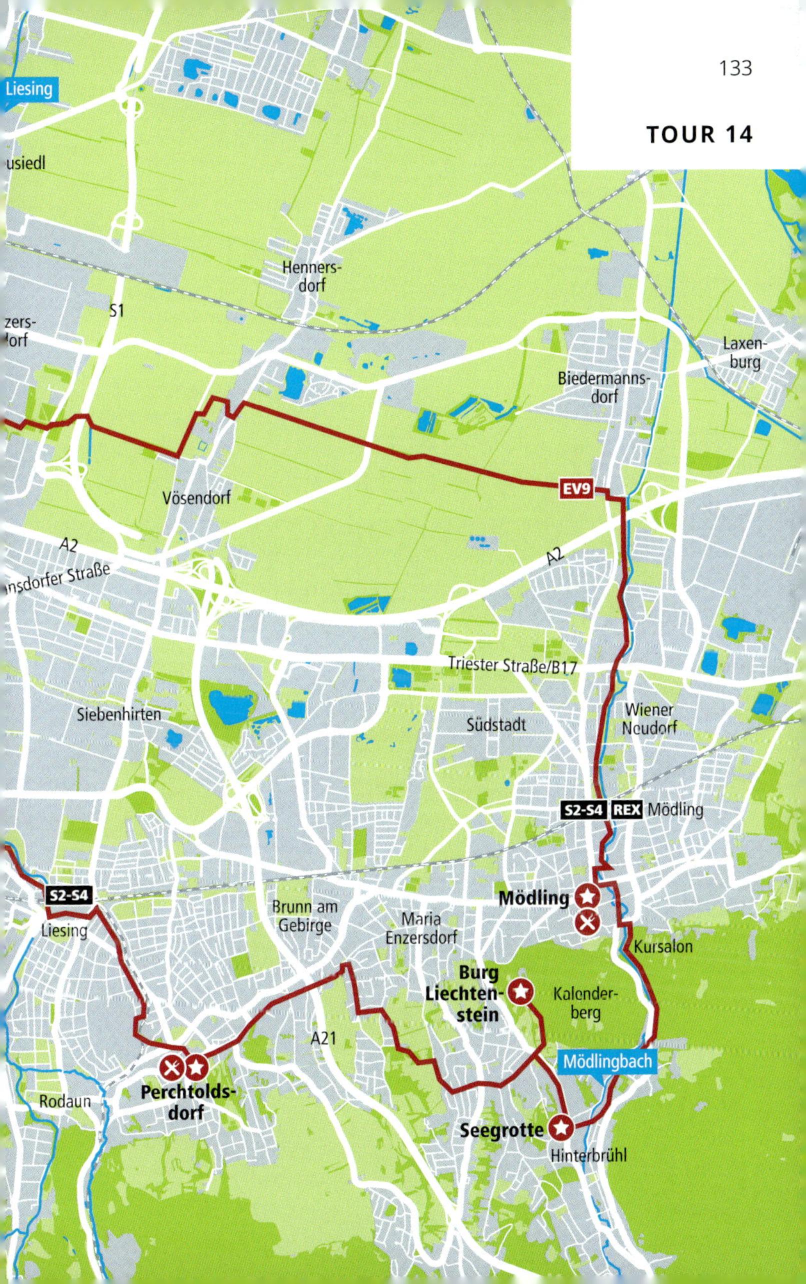
Liesing
usiedl
Hennersdorf
S1
zersdorf
Laxenburg
Biedermannsdorf
EV9
Vösendorf
A2
nsdorfer Straße
A2
Triester Straße/B17
Siebenhirten
Südstadt
Wiener Neudorf
S2-S4
REX
Mödling
S2-S4
Liesing
Brunn am Gebirge
Maria Enzersdorf
Mödling
Kursalon
Burg Liechtenstein
Kalenderberg
A21
Mödlingbach
Perchtoldsdorf
Rodaun
Seegrotte
Hinterbrühl

TOUR 15

Unter Dampf

Auf den Spuren einer alten Lokalbahn

Nächster Halt Marchfeldkanal. Wir haben hier Anschluss nach Deutsch-Wagram, Strasshof und Stammersdorf. Heute gehts an einer ehemaligen Bahnstrecke entlang. Nachdem es hier keine natürlichen Erhebungen gibt, begeben wir uns in ebene Gefilde, die auch bei den sehr gemütlichen RadfahrerInnen Gefallen finden werden. Den Regenschutz lassen wir getrost zuhause, weil das Marchfeld nämlich als die regenärmste Region Österreichs gilt. Erstaunlich eigentlich, wenn man bedenkt, dass das Marchfeld als der Obstgarten Wiens und die sogenannte Kornkammer Österreichs bezeichnet wird.

Wir starten an der U2-/U4-Station Schottenring am Franz-Josefs-Kai gegenüber dem Ringturm (Tour 1) und radeln ab hier stromabwärts den Radweg entlang bis zur ersten Ampel. Die Straße überquerend biegen wir links auf die Rampe hinunter und folgen dem Donaukanal-Radweg bzw. EV9 stromaufwärts. Auch wenn er auf 17km mitten durch die Stadt fließt, war der Donaukanal lange Jahre nicht wirklich in das Stadtleben integriert. Erst ab den 1980er Jahren begann die

START & ANREISE

1010 Wien, Schottenring
Linien U2, U4 › Schottenring

WEGVERLAUF

Schottenring › Strebersdorf › Gerasdorf › Deutsch-Wagram › Obersdorf › Stammersdorf › Reichsbrücke › Schottenring

TOUR

78km (5h) | R | 150hm
Durchwegs flach,
Asphalt- und Schotterwege

Stadt langsam das Potential zu erkennen und mittlerweile ist der Donaukanal eines, wenn nicht sogar das neben der Donauinsel beliebteste Sport- und Street Art-Quartier, Outdoor-Lokalmeile sowie eine stark frequentierte innerstädtische Radroute, die an sieben Wiener Gemeindebezirken vorbeiführt (Tour 10).

Wir folgen ihm bis zu seinem Beginn am Nussdorfer Wehr, einer eindrucksvollen Schleusenanlage, an der Otto Wagner gestalterisch mitwirkte (Tour 10). Hier überqueren wir die Brücke des Wehrs und folgen dem Weg über den EV9 zum Steinitzsteg. Auf diesem überqueren wir die Donauinsel bis zum Festland in *Transdanubien*, biegen nach der Brücke sofort links ab und nehmen den EV9 Richtung Stammersdorf/Jedlesee.

Marchfeld – Es gibt Reis, Baby

Bald verlassen wir das Donauufer und folgen den EV9 Schildern bis wir auf den Marchfeldkanalradweg MFK91 treffen. Der Kanal wirkt deutlich älter, als er tatsächlich ist. Aufgrund der für die Landwirtschaft notwendigen zahlreichen Brunnen in der Region stieg die Wasserentnahme kontinuierlich an und das Grundwasser sank bis in die 1980er Jahre immer stärker ab. Das ist auch der Grund dafür, warum zwischen 1986 und 1995 ein Kanalsystem gegraben, das Wasser aus der Donau abgezweigt und dem Grundwasser im Marchfeld zugeführt wurde. Von Anfang an war der Kanal auch als Naherholungsgebiet geplant und zahlreiche Brücken ermöglichen da und dort Überquerungen. Direkt hinter einer der ersten Brücken befindet sich die *Honeyranch*, wo man

Marchfeldkanal in Deutsch-Wagram

sozusagen »ab Zaun« Honig einkaufen kann. Als wir dort waren, war ausschließlich sonntags geöffnet. Es empfiehlt sich deshalb, vorher einen Blick auf die Homepage zu werfen.

Wir fahren nun recht lange den Radweg MFK91 entlang, bis wir Deutsch-Wagram erreichen. Wobei wir ein ums andere Mal das Ufer wechseln. Überraschenderweise kommen wir an einem Reisanbaugebiet vorbei. Das wundert uns, denn schließlich gibt es hier kaum Niederschlag und wir hatten bisher angenommen, es bräuchte viel Wasser, um Reis anzubauen. Doch entgegen unserer Annahme werden hier nicht wie in Südostasien üblich, die Felder permanent bewässert, sondern im Trockenanbau kultiviert und wir eines besseren belehrt.

In Deutsch-Wagram erinnert uns eine Napoleon-Figur an die kriegerische Vergangenheit des Marchfelds: 1809 kämpften hier 300.000 Soldaten zwei Tage lang in der Schlacht von Wagram, die Napoleon schließlich unter großen Verlusten gegen die Truppen Erzherzog Karls von Österreich gewann. Nun gehts weiter bis zum Abzweig Richtung Hainburg, wo wir nach links dem Schild Richtung Bockfließ/Radweg 91 folgen. Wir kommen an der Pfarrkirche Deutsch-Wagrams vorbei, wo sich ein Gedenkstein befindet, der an die Schlacht von 1809 erinnert und folgen dem Weg weiter bis zum Bahnhof.

Dampfross meets Drahtesel

Nun richten wir uns nach dem Wegweiser Dampfross Drahtesel. Dieser Radweg DRDE folgt den Spuren einer Lokalbahn im Weinviertel, deren Betrieb nach rund 85 Jahren eingestellt wurde. Er ist als Erlebnisradweg mit unterschiedlichen Stationen zur Geschichte der Eisenbahn gestaltet. Direkt am Weg liegt bei der *Grillranch* und einer *Straußenzucht* die größte *Minigolfanlage* Österreichs. Von hier

©Spiller

Eibesbrunn

aus geht es weiter in Richtung Strasshof an der Nordbahn, einem Ort, der es zu viel trauriger Berühmtheit gebracht hat. Aus der jüngeren Vergangenheit ist Strasshof durch die Entführung von *Natascha Kampusch* bekannt. Während des Nationalsozialismus befand sich hier auch ein sogenanntes Durchgangslager, von dem aus vor allem osteuropäische Zwangsarbeiter in der Rüstungsindustrie im Raum Wien verteilt wurden.

Kurz nach eben diesem Denkmal, das die Bürger von Strasshof errichteten, biegen wir links in die Gasse Wendlingerhof ab und radeln entlang der Radstrecke an Wäldern und Feldern vorbei bis nach Bockfließ. Den Wegweisern nach Wolkersdorf folgend, radeln wir, bis wir in Pillichsdorf wieder auf den EV9 treffen. In Obersdorf an der Antoniusgasse verlassen wir diesen Radweg an der Kreuzung und biegen linkerhand über die Bahnstraße in den Ebersdorfer Weg ein.

©Spiller

Dampfross & Drahtesel Erlebnisradweg

Wir kommen in die Industriestraße (Johann-Galler-Straße) und biegen neben dem *Gewürzhändler Kotany* Logistikcenter links in einen kleinen Pfad ein, danach gleich wieder beschildert nach links, bis wir am DRDE Dampfross & Drahtesel Erlebnisradweg landen. Diesem folgen wir nun einfach in Richtung Wien, wobei wir einige der ehemaligen Bahn- und jetzigen Erlebnisstationen passieren.

Auf dem EV9 geht es weiter nach Stammersdorf, wo man beim *Biohof N°5* (siehe Kasten) den freien Platz in den Gepäckträgertaschen mit allerlei frischen Bio-Lebensmitteln füllen kann. Schließlich radeln wir wieder auf der bekannten Strecke den Marchfeldkanal entlang bis zur Donau. Nun kann man entweder den bekannten Weg nehmen oder am Donauufer weiter bis zur Reichsbrücke fahren und dann über Praterstern und Praterstraße zur Urania gelangen.

Auf ein Getränk zum Erfinder der Postkarte

In den Sommermonaten ist es besonders reizvoll, die Fahrt an der *Strandbar Herrmann* und also in gemütlicher Atmosphäre enden zu lassen. Die Strandbar wurde nach ihrem Standort dem Herrmannpark, einem der Wiener Parks, die niemand sonst als Park bezeichnen würde, und dieser wiederum nach seinem Namensgeber, dem Erfinder der Postkarte Emanuel Herrmann benannt. In Wahrheit handelte es sich um eine Anlandung des Wienflusses, die nicht bebaut werden konnte. 2005 schüttete man an dieser Stelle Sand auf, stellte Liegesessel auf und startete damals noch mit einfachen Mitteln den Barbetrieb. Es war einer der weiteren Auslöser für die Erweckung des Donaukanals aus seinem Dornröschenschlaf und nicht nur die Strandbar, sondern der gesamte Donaukanal entwickelte sich im Laufe der Zeit zu einer Institution.

Von hier aus radeln wir nun einfach zu unserem Ausgangspunkt den Donaukanal stromaufwärts oder alternativ am Ring entlang über den Schwarzenbergplatz zum Karlsplatz.

SEHENSWERTES

Frisches am Weg:
Wein & Schwein ab Hof – *wein.nummer5.at*
Met und Honig – *www.honeyranch.at*
Reis mit kurzer Anreise – *www.oesterreis.at*

Minigolfstopp: Deutsch-Wagram hat sie, die größte Minigolf Anlage Österreichs. *www.grillranch.at*

Badeteich Gerasdorf: Naturbadeplatz mit klarem Wasser und einer großen Liegewiese, über die gerne Ziesel flitzen. *2201 Gerasdorf, Teichgasse 3799*

Dampfross-Drahtesel Erlebnisradweg: Die etwa 50km lange Runde führt zum Teil entlang der ehemaligen Lokalbahntrasse und erzählt über Bahnarbeiter, Eisenbahnarchäologie und Dampfloks. *www.dampfross-drahtesel.at*

Strandbar Hermann: Strandfeeling am Donaukanal – mit Kantine, Cocktailbar und jeder Menge Liegestühle. *www.strandbarherrmann.at*

©Spiller

Pfarrkirche Großengersdorf

Stetten
Enzersfeld
Groß-
ebersdorf
Eibesb
EV9
DRDE
Flandorf
Königsbrunn
S1
Bisamberg
Hagenbrunn
Seyrin
Föhrenhain
Ka
B7
Langenzersdorf
Stammersdorf
A22
Biohof N°5
Badeteich
EV9
Gerasdorf
Strebersdorf
Marchfeldkanal
S3/S4
MFK91
EV9
Großjedlersdorf
Jedlesee
U6
REX
S1-S4/S7
Leopoldau
Floridsdorf
Bre
Kagran
EV6
Spittelau
U4
U6
Brigittenau
Kaisermühlen
VIC
U1
Hirschstetten
EV9
Reichsbrücke
Donaukanal
Stadlau
AKH
U1
U2
Praterstern
Aspern
U2
U4
REX
S1-S4/S7
Schottenring
Karlsplatz

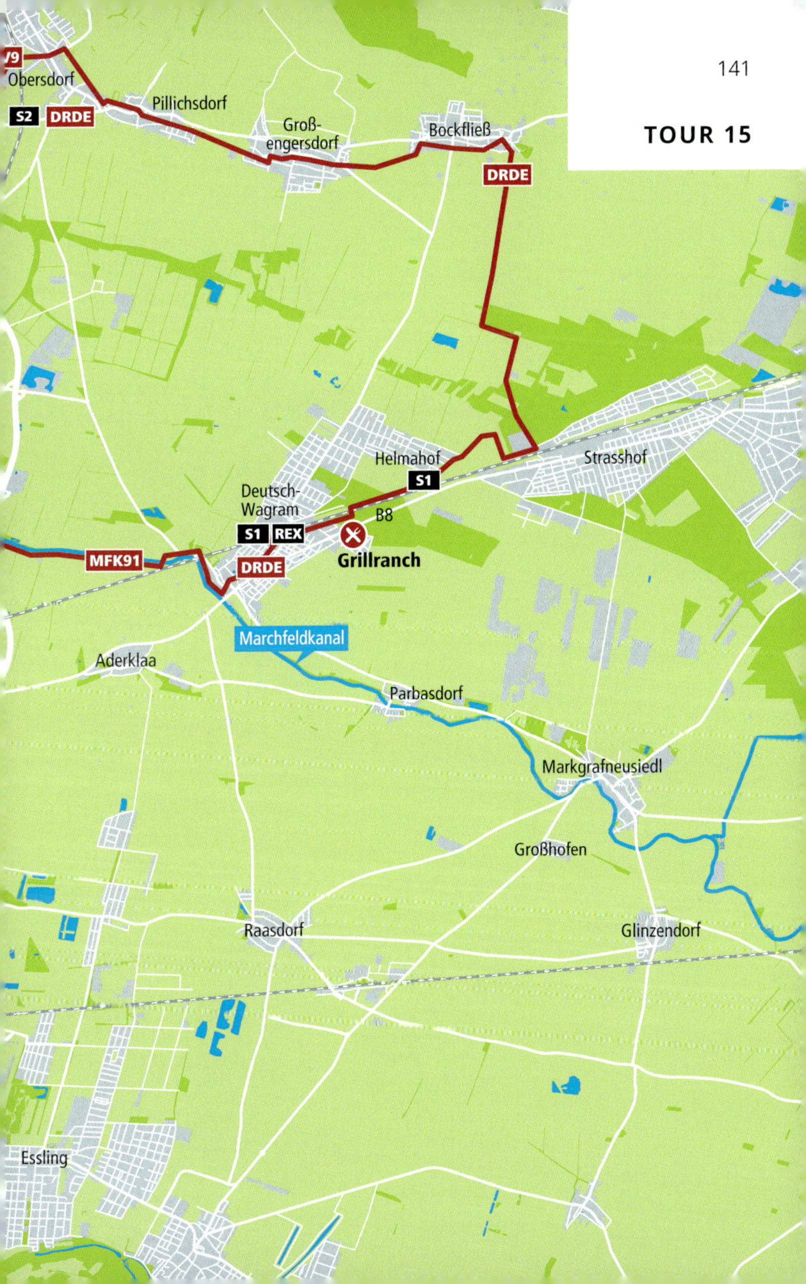
Obersdorf
S2
DRDE
Pillichsdorf
Groß-
engersdorf
Bockfließ
DRDE
Helmahof
S1
Strasshof
Deutsch-
Wagram
S1
REX
B8
Grillranch
MFK91
DRDE
Marchfeldkanal
Aderklaa
Parbasdorf
Markgrafneusiedl
Großhofen
Raasdorf
Glinzendorf
Essling

TOUR 16

Gebrannter Ton

Von Ziegelböhm und Ziegelbaronen

Diese Tour führt innerhalb der Stadtgrenze durch Favoriten und außerhalb der Stadt auf dem Radweg der Ziegelbarone entlang. Mit dem eher kuriosen Begriff des Ziegelbarons verbindet man hauptsächlich Heinrich Drasche, der in der Wiener Gründerzeit Besitzer der Wienerberger Ziegelfabriken war. Nachdem der Bau der Wiener Ringstraße zu einem Großteil mit seinen Ziegeln erfolgte, wurde scherzhaft gesagt, dass Drasche wohl halb Wien erbaut habe. Die Firma machte enorme Gewinne, auch auf dem Rücken entrechteter böhmischer Arbeiter, die »Ziegelböhm« genannt wurden.

Das Elend der Arbeiter brachte dann Victor Adler schließlich dazu, die Vorgängerpartei der SPÖ zu gründen. Der Viktor-Adler-Markt ist heute ein zentraler Platz in Favoriten, dem Bezirk, an dessen Rand die damaligen Ziegelgruben lagen. Favoriten wurde dadurch zum klassischen Wiener Arbeiterbezirk und ist noch heute der bevölkerungsreichste Bezirk der Stadt. Mit seinen rund 200.000 Einwohnern wäre er für sich allein betrachtet die drittgrößte Stadt Österreichs.

START & ANREISE
1100 Wien, Hauptbahnhof
Linien U1, S, REX › Hauptbahnhof

WEGVERLAUF
Hauptbahnhof › Inzersdorf › Vösendorf › Laxenburg › Achau › Leopoldsdorf › Unterlaa › Favoriten › Hauptbahnhof

TOUR
52km (3½h) | R | 155hm
Größtenteils flach,
Asphalt- und Schotterwege

Favourite Favoriten

Wir starten am Haupteingang des Hauptbahnhofs (Info in Tour 12), den wir rechts umrunden und fahren links die Sonnwendgasse entlang. Kurz darauf sehen wir die erste Beschilderung Richtung Laxenburg EV9, der wir nun einfach immer folgen. An der großen Kreuzung Sonnwendgasse/Gudrunstraße halten wir uns nun links und folgen dem Radweg bis zur beschilderten Abzweigung nach rechts. Dann queren wir die Laaer-Berg-Straße und kommen bald am *FavAC-Platz* vorbei, von dem aus es nur noch ein kurzes Stück bis zur *Generali Arena*, der Heimat der Wiener Austria, ist (Details ebenfalls Tour 12). Diese liegt auf dem Laaer Berg, oberhalb des Verteilerkreises Favoriten, den wir ebenfalls queren, bevor wir dann dem bekannten Radweg EV9 weiter auf dem Kiesweg bergab folgen. Mitten auf dem Verteilerkreis befindet sich die U-Bahnstation Altes Landgut. Der Name kommt von einem alten Gastronomiebetrieb und irritiert an dieser Stelle, da sich der Verteilerkreis eher wenig beschaulich präsentiert. Der Name deutet aber an, dass die Gegend noch Anfang des 19. Jahrhunderts von einzelnen Gebäuden und einigen der Ziegeleien durchsetzt war. Sowohl der Laaer Berg als auch der Wienerberg sind inzwischen von der Stadt Wien zu Erholungsgebieten umgestaltet worden. Auf beiden Anhöhen ist nicht mehr viel von der einstigen Ziegelproduktion zu erahnen.

Wir stoßen stattdessen bald auf die durchaus idyllische Liesing, folgen ihr ein kurzes Stück, bis uns die Beschilderung an der Neilreichgasse nach Laxenburg EV9 weist.

Schlosspark Laxenburg und Franzensburg

Biking with the barons

Dem EV9 folgen wir nun bis nach Vösendorf, wo wir beim Schild Richtung Schloss Vösendorf kurz anhalten. Hier beginnt der offizielle Radweg der Ziegelbarone RZB. Grundsätzlich können wir ausschließen, dass jemals ein Ziegelbaron mit dem Fahrrad die Gegend durchstreifte, aber immerhin gibt es am Weg einige Tafeln mit interessanten Infos über die Ziegelindustrie. Weiter gehts nun in Richtung Laxenburg und am örtlichen Badeteich vorbei, an dem es für Notfälle eine kleine Radreparaturstation mit Schlauchautomaten gibt.

Like ice in the sunshine

Wir benötigen hoffentlich weder das eine noch das andere, sondern streben bereits dem klassischen Laxenburger Ausflugstriathlon entgegen. Schloss besichtigen, Boot mieten, Eissalon besuchen. Nach dieser willkommenen Abwechslung, folgen wir wieder den Ziegelbaronen nach Achau, Maria Lanzendorf und Leopoldsdorf. Hier ändert sich unser Wegweiser und wir orientieren uns nun kurz in Richtung Favoriten, bevor wir den Abzweig nach Schwechat wählen.

Vorher machen wir noch einen kurzen Linksschwenk, um uns hier die erste österreichische *Arthur Lydiard Trainingsarena* anzusehen. Arthur Lydiard war ein neuseeländischer Lauftrainer, der 17 Athleten zu olympischen Medaillen führte und als Gründer des ersten Jogging-Clubs weltweit gilt. Elementarer Teil seiner Trainingslehre sind Hügelsprints und -sprünge.

©Spiller

Altes Gemäuer

©Spiller

Sonnenblumenfelder

Nach ein paar schnellen Läufen über die Hügel, folgen wir dem Schild nach Schwechat und halten uns nachdem wir die Autobahn unterquert haben, dann Richtung Unterlaa.

Church spotting

Hier angekommen, geht es nach rechts den Liesingbach entlang, bis wir auf die *Johanneskirche* stoßen. Sie ist eine der ältesten Kirchen Wiens und wurde wahrscheinlich im 11. Jahrhundert auf den Fundamenten eines römischen Tempels erbaut. Dies erklärt auch, warum die Kirche relativ weit außerhalb des bestehenden Ortskerns liegt. Die Erbauer christlicher Sakralbauten schätzten die Symbolik der Überlagerung heidnischer Gebäude mit christlichen Symbolen. Gleichzeitig wurden von den Teilen der Bevölkerung, die weiter den mystischen heidnischen Orten nahe sein wollten, die Kirchen besucht. Nun geht es wieder retour in die Richtung, aus der wir kamen, an der Liesing entlang.

Schneckenmanufaktur

Take the snail trail

Es bietet sich noch ein Abstecher zum *Schnecken Checken* bei der *Wiener Schnecken Manufaktur Gugumuck* mit einer charmanten Gartenbar an. Andreas Gugumuck lässt hier die Tradition des Wiener Schneckenessens aufleben. Ab dem 18. Jahrhundert galt Wien als eine Art Schneckenhochburg und das Slow Food konnte in zahlreichen Varianten unter anderem auf einem Schneckenmarkt hinter der Peterskirche im ersten Bezirk erworben werden.

Wer Lust dazu hat, fährt nun am Liesingbach entlang bis zur Himberger Straße. Auf dieser ein kleines Stück stadtauswärts zur Rosiwalgasse. Dort rechts einbiegen bis zur Nr. 44. Auch wer keine Schnecken mag, kann im Garten sehr entspannt einen festen oder flüssigen Imbiss einnehmen.

Danach radeln wir dann wieder zum Liesingbach und folgen ihm, bis wir auf den schon von der Hinfahrt bekannten Abzweig Richtung Favoriten EV9 gelangen. Ab hier dann gemütlich, denn es geht sanft bergan, bis zu unserem Ausgangspunkt.

SEHENSWERTES

Einkehrschwung in Rothneusiedl: Wiener Schneckenmanufaktur *(gugumuck.com)* und Biobauernhof Haschahof *(www.haschahof.at)*.

Im Laxenburger Schlosspark: Schmale, romantische Wegerl, mehrere Teiche, wobei einer für munteres Tretbootvergnügen freigegeben ist, findet ihr im Park. Mitten drin, auf einer Insel, steht die nach Kaiser Franz I. benannte Franzensburg. Sie wurde von Johann Ferdinand Hetzendorf geplant und war von Anfang an als Museum gedacht. Der Bau der Wasserburg (1801-1836) fiel in die Zeit, in der die Ziegelherstellung südlich von Wien ihren Anfang nahm. Da der Ziegelpreis dem Kaiser Franz I. zu hoch schien, kaufte er kurzerhand die Ziegeleien in Vösendorf.

Auf ein Eis in Laxenburg: Ganz in der Nähe des Laxenburger Schlosses gibts köstlich Gefrorenes (auch laktosefrei). *2361 Laxenburg, Hofstraße 7*

©Spiller

Johanneskirche

Zentralfriedhof
Kledering
Simmering
Liesing
Johanneskirche
Unterlaa
Kurpark Oberlaa
U1
Oberlaa
Laaer Wald
Laaer-Berg Straße
Gudrunstr.
Verteiler-kreis
U1 Altes Landgut
Roth-neusiedl
Haschahof, Gugumuck
EV9
Favoritenstraße
U1 S60 R95
Hauptbahnhof
Laxenburger Straße
Blumental
S60
Laxenburger Straße
Matzleinsdorfer Platz
Erholungsgebiet Wienerberg
EV9
Inzersdorf
Neu-Erlaa
Alt-Erlaa
Schön-brunn

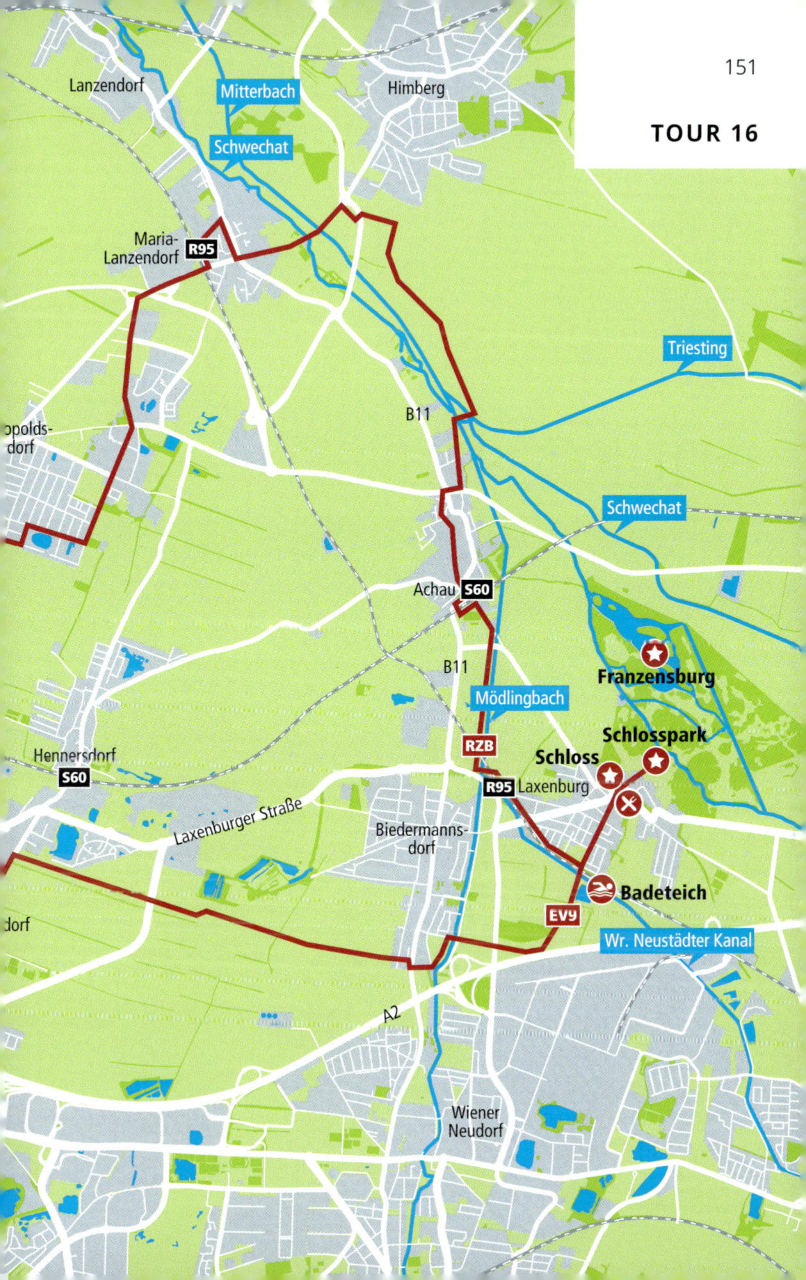
Lanzendorf
Mitterbach
Himberg
Schwechat
Maria-
Lanzendorf
R95
Triesting
B11
opolds-
dorf
Schwechat
Achau
S60
B11
Franzensburg
Mödlingbach
Schlosspark
Schloss
RZB
Hennersdorf
S60
R95
Laxenburg
Laxenburger Straße
Biedermanns-
dorf
Badeteich
EV9
dorf
Wr. Neustädter Kanal
A2
Wiener
Neudorf

TOUR 17

Antike Spuren

Imperium Romanum in Niederösterreich

Diese Tour ist etwas für Frühaufsteher. Gut 70km Fahrt sind im Grunde zwar machbar, aber da die Strecke häufig über freie Feldwege führt, kann die Kombination aus Bodenbelag und Wind doch recht herausfordernd sein. Wer dem *Freiluftmuseum* in Carnuntum einen Besuch abstatten möchte, sollte außerdem die Öffnungszeiten beachten, damit ihr nicht wie wir beim ersten Mal, 15 Minuten vor Schließung eintrefft.

START & ANREISE
1010 Wien, Hoher Markt
Linie U1, U4 › Schwedenplatz

WEGVERLAUF
Donaukanal › Schwechat › Schwadorf › Petronell-Carnuntum › Bad Deutsch-Altenburg › Donauradweg › Schwedenplatz

TOUR
70km/125km (6h/8½h) | R/S | 420hm
Durchwegs flach, viele Schotter- und Feldwege, häufig windig

Vindobona

Wir starten am Hohen Markt bzw. in *Vindobona*, dem Legionslager des Römischen Imperiums, das vor fast 2.000 Jahren auf dem Gebiet der Wiener Innenstadt lag und das der Sicherung der Nordgrenze des Imperium Romanum diente. Zuerst orientieren wir uns in Richtung Donaukanal, an dem wir dann stromabwärts an der Innenstadtseite bis zur Freudenauer Hafenbrücke radeln. Hier halten wir uns rechts und bleiben ein kurzes Stück auf der Alberner Hafenzufahrtsstraße, bevor es links unter zwei Brücken hindurch weitergeht. Am Straßenende angekommen, halten wir uns rechts (beim Friedhof der Namenlosen). Bald erwartet uns der erste Wegweiser des 54 – Römerland Carnuntum Radwegs. Hier zeigt auch ein großes Schild in die entgegengesetzte Richtung nach Wien. Wer es sich nochmals anders überlegt, sollte hier abbiegen. Wir fahren weiter und folgen dem Radweg, bis wir die Schwechat überqueren, danach fahren wir am Flussufer entlang bis zum Schwechater Rathauspark. Am Parkende nun links in die Altkettenhofer Straße, dann rechts in die Himberger Straße biegen. Dieser für 700m folgen und links den Zirkelweg nehmen. Jetzt beginnt der ländliche Teil der Tour. Gut beschildert geht es bis nach Rauchenwarth weiter. Dann können wir die Beine baumeln lassen, denn bis wir in Schwadorf eintreffen, gehts nur mehr bergab. Man merkt sofort, dass wir Wien verlassen haben – denn wir werden beim Vorbeiradeln lieb gegrüßt. Wir folgen dem 54 bis nach Klein-Neusiedl, wo wir auf eine Kellergasse mit großem Spielplatz treffen. Es geht direkt durch die Wieselburger-Fankurve des örtlichen Fußballvereins und dann über die Fischa. Auf der Weiterreise nach Arbesthal und Göttlesbrunn müssen wir dann einen kurzen steilen Anstieg überwinden und haben auf den Feldern mit dem Gegenwind zu kämpfen. Besonders Motivierte können hier ab Hof die Radtaschen mit ein paar Flaschen Wein befüllen und damit über einige Feldwege in die Weinberge von Höflein weiterradeln.

Wir haben inzwischen auf einem kleinen Rastplatz mit Brunnen Pause gemacht und unsere Flüssigkeitsreserven aufgefüllt. Von hier aus ist schon die auffällige Höfleiner Wehrkirche

Amphitheater Carnuntum

zu erkennen. Höflein war übrigens ganz früher mal ein Kleinkastell am Donaulimes. In den Mauern rund um Kirche und Friedhof wurden zahlreiche römische Baumaterialien recycelt, was man bei der Ortsdurchfahrt noch gut erkennen kann. Ein Abstecher zur *Ausgrabungsstätte* der Grundmauern einer römischen Villa ist nur etwas für echte Imperium-Fans. Dazu beim Rechtsabzweig einfach ein Stück weiter geradeaus fahren und leicht bergauf dem Schild folgen.

Auf unserem weiteren Weg am Radweg 54 empfiehlt es sich, dem GPX oder der Karte bis nach Scharndorf zu folgen (schlechte Beschilderung). An der gotischen Wehrkirche Scharndorf aus dem 14. Jahrhundert vorbei, gehts wieder dem Wegweiser 54 entlang über die Feldwege, bis wir am Heidentor ankommen. Es erhielt diesen Namen im Mittelalter, als alles römische als heidnisch galt. Später vermutete man auch, dass es sich um das Mausoleum eines Riesen handelte. Zum Archäologischen Park ist der Weg gut ausgeschildert, zur linken kurz davor befindet sich das Amphitheater mit rekonstruierter Gladiatorenschule.

Carnuntum

Als eine der größten archäologischen Stätten Österreichs entwickelte sich während der Zeit Kaiser Augustus' Carnuntum zur bedeutendsten Garnisonstadt an der Donau. Ihre Blütezeit erlebte sie während der Regierungszeit Kaiser Marc Aurels (121-180), der hier während der Markomannenkriege sein Hauptquartier aufschlug.

©Spiller

Pfarrkirche in Arbesthal

©Spiller

Lange Gerade nach Schwadorf

Carnuntum wurde vermutlich kurz nach 350 durch ein Erdbeben teilweise zerstört und nach 450 ist die Stadt endgültig aufgegeben worden. Vindobona (Wien) war ein Außenlager Carnuntums und durch die Via Principalis bereits vor 2.000 Jahren mit Carnuntum, der Hauptstadt der römischen Provinz Pannonien, verbunden. Die heutige B9 Wien-Bratislava verläuft genau auf diesem Weg.

Retour nach Wien gehts nun mit der Schnellbahn in Petronell Carnuntum.

Ambitionierte RadlerInnen oder passionierte ArchäologInnen, die diese Tour als 2-Tages Fahrt anlegen, fahren nun in Richtung EV6 an einem weiteren *Amphitheater* vorbei bis nach Bad Deutsch-Altenburg.

Bad Deutsch-Altenburg

Wir sind neugierig auf das markante *Museum Carnuntinum*. Es wurde 1904 als Schatzhaus der Römerstadt Carnuntum im Stil einer römischen Landvilla erbaut und von Kaiser Franz Josef persönlich eröffnet. Von

Marienkirche in Bad Deutsch-Altenburg

hier aus folgen wir dem gut beschilderten Rückweg am anderen Donauufer EV6, geradewegs bis nach Wien. Unterwegs passieren wir immer wieder bezaubernde Ausläufer bzw. Arme der Donauauen: sumpfige Feuchtgebiete mit romantischer Anmutung, wohin das Auge reicht. Am OMV-Zentraltanklager beim Ölhafen Lobau können wir die Stadt schon riechen. Wir bleiben bis zur Reichsbrücke am Ufer der Neuen Donau EV6, orientieren uns dann in Richtung Praterstern und folgen der Praterstraße. Kurz nach dem Geschäft *Roadbiker* knickt die Straße rechts ab. Wir biegen ein und kommen an zahlreichen einladenden Lokalen vorbei. Ein paar Meter weiter, auf der anderen Seite des Kanals, endet unsere herausfordernde Tour dann am Schwedenplatz.

SEHENSWERTES

Panem ohne Circenses: Gibt es unter anderem im Landgasthaus »Zum ewigen Leben« (Schwadorf), im Buschenschank Willig (Enzersdorf) und im Heurigen Nadler (Arbesthal) sowie die geballte Kernkompetenz in Göttlesbrunn: *www.goettlesbrunn-arbesthal.gv.at*

Römerstadt Carnuntum: Nach Beendigung der Ausgrabungen in einer der einst wichtigsten Städte der römischen Provinz Pannonien wurden mittels experimenteller Archäologie einige Häuser der Stadt rekonstruiert, wodurch ein lebendiges Bild des Lebens im Römischen Reich entstehen soll. *www.carnuntum.at*

Römermuseum Bad Deutsch-Altenburg: Die Vergangenheit beginnt hier. *www.bad-deutsch-altenburg.gv.at*

Römerland Carnuntum App: Geschichte und Geschichten der Region. *Download im jeweiligen App-Store*

©Spiller

Windige Überlandfahrt vor Rauchenwarth

©Spiller

Abendliche Donauauen am EuroVelo 6

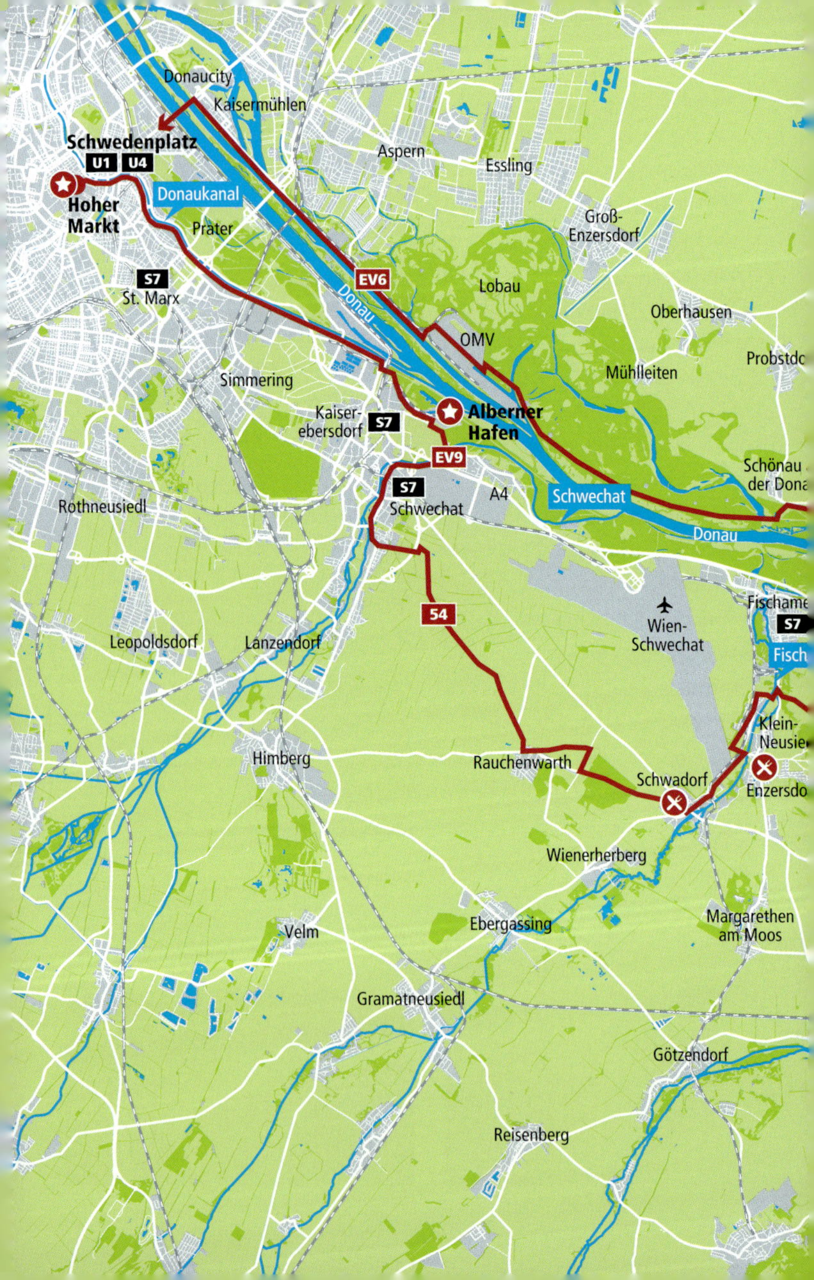
Donaucity
Kaisermühlen
Schwedenplatz
U1
U4
Hoher Markt
Donaukanal
Prater
Aspern
Essling
Groß-Enzersdorf
S7
St. Marx
EV6
Donau
Lobau
Oberhausen
OMV
Mühlleiten
Probstdc
Simmering
Kaiser-ebersdorf
S7
Alberner Hafen
EV9
S7
Schwechat
A4
Schwechat
Schönau der Dona
Donau
Rothneusiedl
Fischame
S7
54
Wien-Schwechat
Fisch
Leopoldsdorf
Lanzendorf
Klein-Neusie
Himberg
Rauchenwarth
Schwadorf
Enzersdo
Wienerherberg
Margarethen am Moos
Velm
Ebergassing
Gramatneusiedl
Götzendorf
Reisenberg

Breitstetten
Haringsee
Straudorf
sdorf
Engelhart-
stetten
Loimersdorf
Wagram
Pframa
Orth an
der Donau
Witzelsdorf
Stopfen-
reuth
EV6
Eckartsau
Nationalpark-Zentrum
im Schloss
Hainburg
Museum
Carnuntinum
S7
NP Donau-Auen
NP Donau-Auen
Donau
Bad Deutsch-
Altenburg
Heidentor
Freiluftmuseum
Haslau
Wildungs-
mauer
S7
Petronell-
Carnuntum
Scharndorf
54
Schönabrunn
Höflein
Arbesthal
Rohrau
Göttlesbrunn
Gerhaus
Pachfurth
neusiedl
Bruck an
der Leitha
A6
rasdorf
Parndorf
ein

Wiener Wein

Auf und ab am Bisamberg

Die Tour führt uns auf den 358m hohen Bisamberg und durch die Heurigenorte Stammers- und Strebersdorf. Wir durchqueren alte Schanzanlagen und dürfen einen Blick in die schönsten Kellergassen der Stadt werfen. Wien ist die einzige europäische Hauptstadt mit einem nennenswerten Weinanbaugebiet und rund ein Drittel des Wiener Weins wird in Stammersdorf gekeltert. Die Heurigen auf dieser Seite der Donau sind ursprünglicher und authentischer als beispielsweise die eher touristischen Heurigenlokale in Grinzing am anderen Ende der Stadt. Bis heute hat sich der Ort seinen Charakter als Weindorf behalten und nirgendwo sonst in der Bundeshauptstadt findet man so viele Weinbau- und Heurigenbetriebe wie hier.

START & ANREISE
1010 Wien, Schottenring
Linien U1, U4 › Schottenring

WEGVERLAUF
Schottenring › Marchfeldkanal › Stammersdorf › Bisamberg › Strebersdorf › Donauinsel › Donaukanal › Schottenring

TOUR
41km (3h) | R | 445hm
Einige Steigungen,
Asphalt- und Feldwege

Donau- und Marchfeldkanal

Wir starten an der U2-/U4-Station Schottenring am Franz-Josefs-Kai, gegenüber dem Ringturm (Details: Tour 1). Wir fahren stromabwärts den Radweg entlang bis zur ersten Ampel, überqueren die Straße und biegen links die Rampe hinunter auf den Radweg Donaukanalradroute. Wir folgen diesem stromaufwärts (Details: Tour 10), bis uns ein Schild über eine Rad-Fußgängerbrücke zum Steinitzsteg weist. Hier nehmen wir den EV9 und befahren eben diesen bis zur anderen Uferseite. Weiter gehts stromaufwärts bis zum grünen Radabzweig Richtung Stammersdorf. Nun folgen wir den Schildern Richtung Stammersdorf bzw. Marchfeldkanal.

©Spiller

Anstieg auf die Luckenholzgasse

Im Gegensatz zum Wiener Neustädter Kanal ist der Marchfeldkanal kein historischer Verkehrsweg, sondern ein relativ junges Marchfelder Bewässerungssystem aus den 90er Jahren (Details: Tour 15). Bei der Planung Anfang der 1980er Jahre wurden außerdem noch militärische Überlegungen berücksichtigt. In den Brücken sind Ringe zur Befestigung von Panzersperren eingelassen und die Uferböschungen sind so angelegt, dass Panzerrohre in der gegenüberliegenden Böschung steckenbleiben sollen.

Kurz nachdem wir auf den Marchfeldkanal MFK treffen, gibt es unmittelbar nach einer Brücke die Möglichkeit, Honig »über den Zaun« bei der *Honeyranch* zu kaufen. Bankomatzahlung ist möglich! Wenn ihr sichergehen wollt, dass jemand da ist, solltet ihr vor Antritt der Tour einen Blick auf die Homepage werfen. Mit einem Glas Honig im Gepäck gehts am *Garten des Gebets* vorbei. Auf

Hagebutten bei den Alten Schanzen

Höhe der zweiten Brücke nach dem Garten biegen wir links auf einen Pfad ab und kommen schließlich zur Luckenschwemmgasse. Hier halten wir uns links und fahren in die Dr.-Skala-Straße weiter bis zur Jedlersdorfer Straße, bis wir weiter geradeaus in die Erbpostgasse radeln und diese beim Pfeiler Radroute Bisamberg in den Gabrissen verlassen. Es geht geradeaus bis zum Abzweig Luckenholzgasse (Stadtwanderweg 5), leicht bergan an den Weingärten vorbei.

Alte Schanzen

Wir durchqueren nun die sogenannten *Alten Schanzen*, ehemalige Verteidigungsanlagen, die inzwischen jedoch Naturdenkmäler sind. Ursprünglich wurden sie als Verteidigungsgürtel zur Sicherung Wiens während des preußisch-österreichischen Krieges von 1866 angelegt, reichten von Langenzersdorf bis zur Lobau und wurden von I bis XXXI durchnummeriert. In der Gegend unserer Radtour befinden sich die Schanzen X bis XIII. Weder 1866 noch im I. Weltkrieg wurden die Schanzen tatsächlich benötigt, erst im II. Weltkrieg dienten sie dann der Verteidigung Wiens. Zuerst wurden sie mit Flugabwehrkanonen bestückt, dann kam es in den letzten Kriegstagen zu Kämpfen zwischen deutschen und sowjetischen Soldaten. Heute sind die Schanzen stark reliefierte Trockenrasen mit pannonischer Flora, die bewahrt wurde, da aufgrund der Geländeverhältnisse kein Ackerbau auf den Schanzen möglich war. Wenn wir der natürlichen Linksbiegung des Wiesenweges folgen, gelangen wir zur *Schanze X*. Gut zu erkennen, denn hier steht die Ruine eines ehemaligen militärischen Versorgungsbaus.

Stammersdorfer Kellergasse

Wir folgen dem Stadtwanderweg 5 weiter, bis wir an der Stammersdorfer Kellergasse ankommen. Wer hier abbrechen möchte und lieber auf einen

©Spiller

Ruine auf der Schanze X

Spritzer oder ein erfrischendes Glas Most gehen möchte, folgt der Kellergasse (links) nach Stammersdorf. Hier haben Fuhrwerke und Erosion im Laufe der Zeit einen beeindruckenden Hohlweg in den meterhohen Löss gegraben. Dieses, vom Winde verwehte und hier abgelagerte Erbe der Eiszeit begünstigt den Weinbau in der Region. Wir radeln weiter, queren die Kellergasse und müssen nun ein recht steiles Bergaufstück bewältigen.

Am Rande des Bisambergs

Nun immer geradeaus und bergauf, bis wir am Waldrand des Falkenbergs (Vorgipfel des Bisambergs) mit einem herrlichen Blick auf Wien ausrasten können. Frisch gestärkt, können wir von hier aus auch noch wunderbar bergab rollen. Wer keine eigene Jause mit dabei hat, kehrt kurz nach der Eichendorff-Höhe beim netten Berggasthof *Magdalenenhof* ein. Nun geht es munter weiter bergab in den Oberen Weg/Klausgraben bis nach Stre-

Weingärten am Bisamberg

bersdorf. Hier angekommen, folgen wir der Fillenbaumgasse und der Langenzersdorfer Straße bis zum Abzweiger in den Mühlweg, wo uns ein Radwegweiser zurück zum Marchfeldkanal lotst.

Hier haben wir die Möglichkeit, die vom Hinweg bekannte Route retour zu nehmen oder wie hier beschrieben, dem Marchfeldkanal MFK noch bis zu seinem Ende in Langenzersdorf zu folgen. An der Fischerhütte angekommen, biegen wir dann links ein, unterqueren die Autobahn und gelangen so zur Donauinsel. Auf dieser EV6 bleiben wir dann bis zur Auffahrt zum Steinitzsteg und radeln über den Donaukanal zurück zu unserem heutigen Ausgangspunkt: der U2-/U4-Station Schottenring.

SEHENSWERTES

S'Kellerstöckl am Stadtwanderweg
Idyllischer Buschenschank, Wein ab Hof und Startpunkt der Wiener Wein Safari.
1210 Wien, Krottenhofgasse 81

Berggasthof Magdalenenhof: Gute Wiener Küche am Fuße des Bisambergs.
1210 Wien, Senderstraße 127

Weinhandwerk: Fasziniert mit feinen Wildkräutertapas & zartem Wildschwein.
Bisamberg, Senderstraße 27

3/8erl in Ehren: Der Stammersdorf Heurigenkalender online
weinort-stammersdorf.at/weinbau/kalender

Bisamberg: Stolze 358m hoch ist er und seine südlichen Ausläufer reichen bis in den 21. Bezirk – nach Stammersdorf und Strebersdorf. Die lößbedeckten Hänge des Bisambergs dienen seit Jahrhunderten dem Weinbau. Auf seiner höchsten Erhebung steht die Elisabethsäule zum Gedenken an die 1898 ermordete Kaiserin Sisi.

©Spiller

Rast mit Aussicht am Falkenberg

©Spiller

Herbststimmung am Marchfeldkanal

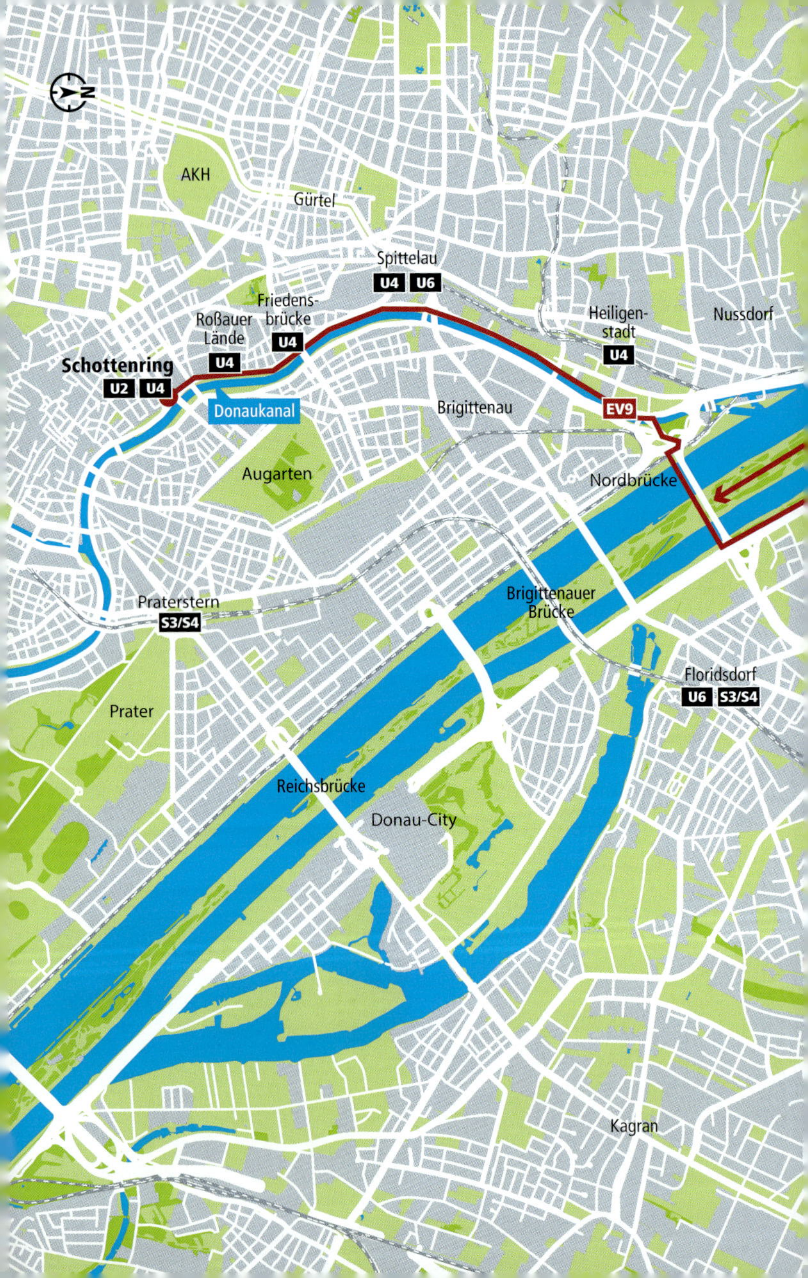

AKH
Gürtel
Spittelau
U4 U6
Friedens-
brücke
Roßauer
Lände
U4
U4
Heiligen-
stadt
U4
Nussdorf
Schottenring
U2 U4
Donaukanal
Brigittenau
EV9
Augarten
Nordbrücke
Brigittenauer
Brücke
Praterstern
S3/S4
Floridsdorf
U6 S3/S4
Prater
Reichsbrücke
Donau-City
Kagran

Klosterneuburg
Donauinsel
A22
EV6
Fischer-
hütte
Donau
lenberger-
dorf
Neue Donau
S3/S4
Langenzersdorf
Seeschlacht
MFK
Elisabeth-
höhe
A22
Bisamberg
Magdalenen-
hof
Strebersdorf
Wiener Straße
Klausgraben
Eichen-
dorff-Höhe
S3/S4
Marchfeldkanal
Falkenberg
Prager Straße
Mühlweg
Senderstraße
MFK
Strebersdorfer Str.
Dr. Nekowitsch Str.
Honeyranch
Gebets-
garten
Stammersdorfer Kellergasse
Herrnholz
Großjedlersdorf
Stammersdorf
Brünner Str. B7
Luckenholzg.
Schießstätte
Alte Schanze X
Brünner Str. B7

Sonniger Süden

Badespass im kühlen Nass

Als sommerliche Ausflugsfahrt zu idyllischen Bademöglichkeiten in der Wiener Umgebung haben wir diese doch recht lange Tour angelegt. Die 95km können als Ganzes oder aber auch nur teilweise, dafür aber mit der Bahn kombiniert, geradelt werden. Eine Teilstrecke mit den ÖBB oder einfach auf demselben Weg wieder retour fahren, wären gute Varianten.

Wir starten am Haupteingang des Hauptbahnhofs (Details: Tour 7). Diesen umrunden wir rechts und fahren dann links die Sonnwendgasse entlang. Ab hier folgen wir den Wegweisern Laxenburg EV9. Der Radweg führt vorbei am Sportplatz des *FavAC* und der *Generali Arena* bis zum Verteilerkreis Favoriten (Details: Touren 12 und 16). Wir bleiben auf dem Radweg nach Laxenburg EV9, der nun weiter auf Kies leicht bergab führt und stoßen bald auf die Liesing, der wir ein kurzes Stück folgen, bis uns die Beschilderung an der Neilreichgasse wieder auf den EV9 lenkt. Diesem Radweg folgen wir nun bis nach Vösendorf, wo auch ein Buschenschank im Feld (*Schlossheuriger Vösendorf*) zur Gaumenerfrischung einlädt.

START & ANREISE

1100 Wien, Hauptbahnhof
Linien U1, S, REX › Hauptbahnhof

WEGVERLAUF

Hauptbahnhof › Laxenburg › Baden › Bad Vöslau › Leobersdorf › Münchendorf › Schwechat › Donaukanal › Karlsplatz

TOUR

95km (5½h) | S | 250hm
Größtenteils flach, Asphalt- und Schotterwege, häufig windig

Teiche am Weg

Unsere erste Bademöglichkeit liegt dann direkt am Weg. Am örtlichen *Schwimmteich in Laxenburg* gibt es auch eine kleine Radreparaturstation. Wer es mit dem Baden nicht ganz so eilig hat, folgt nach der Unterführung nach rechts dem EV9 in Richtung Baden. Bald passieren wir zu unserer

©Spiller

Buschenschank im Feld

linken den *Teichheurigen* am Rohrfeldteich. Dieser lädt zwar zum Verweilen, aber weder zum Schwimmen noch zum Eislaufen ein.

Oder doch lieber ein Ozean

Der Schwimmteich *Ozean* ist leicht zu erreichen. Wir nehmen die Neudorferstraße, der wir über den Kreisverkehr folgen, um dann bei der nächsten Möglichkeit links abzubiegen und zur nach dem Teich benannten Ozeanstraße zu gelangen.

Industriedenkmal im regen Fluss

Wir folgen weiter dem EV9, nun am Wiener Neustädter Kanal entlang. Dieser Kanal wurde 1803 nach sechsjähriger Bauzeit in Betrieb genommen und ermöglichte es auf den 63km, von Wiener Neustadt Kohle, Holz und Ziegel bis nach Wien zu transportieren. In Wien endete der Kanal in etwa beim heutigen Bahnhof Wien Mitte im 3. Bezirk. Der Kanal sollte vor allem den Kohletransport nach Wien günstiger machen, da man nun einen

Wiener Neustädter Kanal

Kahn mit rund 20m Länge und 2m Breite mit nur einem Pferd durch den Kanal ziehen konnte. Jedoch litt das Unternehmen von Beginn an unter den schwierigen Bedingungen, wie dem Untergrund und der Wasserknappheit und so wurde bald der Transport mit der Bahn günstiger. In den 70er Jahren des 19. Jahrhunderts kam der Schiffsverkehr dann praktisch zum Erliegen.

Auf unserem Weg am Kanal passieren wir nun Pfaffstätten und Baden. Im *Thermalstrandbad Baden* mit Sandstrand ist im Regelfall weniger los, als in den vergleichbaren Wiener Bädern, aber wer schon so weit gekommen ist, könnte noch ein paar Kilometer weiter nach Bad Vöslau fahren.

Glanzvolles Baden im Vöslauer Mineralwasser

Hier gibt es seit fast 200 Jahren Badebetrieb und wo kann man sonst in einem denkmalgeschützten Thermalbad mit 20er-Jahre-Flair im bekannten Mineralwasser baden? Die von Theophil Hansen 1873 zur Wiener Weltausstellung erbauten Gebäude wurden zwar abgerissen, aber auch die neugestalteten Badeeinrichtungen sind inzwischen immerhin schon fast 100 Jahre alt. Besonders das *Grüne Becken* mit der kleinen Insel sowie der hintere Teil des Bades mit Ruhebereich, Waldbecken und der Milchbar sind absolut hinreißend. Falls in der Milchbar gerade kein Platz frei sein sollte, kann man sich hier auch Schläger und Bälle für den Minigolfplatz besorgen. Gerade an sehr heißen Tagen ist das Wasser mit seinen 21°C angenehm erfrischend.

Wer sich mehr aufs Radeln konzentrieren möchte, fährt den Wiener Neustädter Kanal weiter entlang und folgt ihm in Richtung Wiener Neustadt. Goodbye EV9. Hello Triestingau Radweg EV9A! Denn nach Kottingbrunn verlassen wir den EV9 an einem gut

©Thermalbad Vöslau

Thermalbad Bad Vöslau

beschilderten Abzweiger und strampelnden am Triestingau Radweg EV9A in Richtung Schönau, Himberg und Schwechat gut beschildert und meist am Fluss entlang weiter.

Erholsam in Oberwaltersdorf

Zwischen Oberwaltersdorf und Trumau entdecken wir noch eine weitere erfrischende Schwimmmöglichkeit: den *Badeteich Oberwaltersdorf*. Man kann ihn rechterhand durch den Zaun sehen und bei der Schleuse rechts einbiegen, um so zum Eingang der Freizeitanlage zu gelangen. Lets swim! Danach bleiben wir einfach immer auf dem EV9A in Richtung Schwechat.

Mehr Wasserwege

Achtung: Kurz nach Trumau gibt es eine schlecht beschilderte Stelle. Hier darfst Du Dich nicht verwirren lassen, sondern folgst einfach dem GPX oder der Karte. Bis Schwechat strampeln wir nun meistens am Wasser entlang: erst an der Triesting, dann am Him-

Ruine der Bleiwarenfabrik Gumpoldskirchen

berger Neubach, am Mitterbach und schließlich an der Schwechat. Ab der Schwechater Rothmühle folgen wir den EV9A Schildern an der Uferpromenade in Richtung Schwechat Mitte, um anschließend die Donau zu erreichen. Kurz nach den Speichern des Alberner Hafens verlassen wir den EV9A (er würde uns auf die Donauinsel führen) und steuern stattdessen den Donaukanalradweg (Abzweiger beim *Friedhof der Bücher)* an.

Auf diesem bleiben wir bis zur Urania. Wer die Tour am Karlsplatz beenden möchte, folgt nach der Urania links der Ringstraße zum Schwarzenbergplatz. Dort biegt man nach dem ältesten *McDonalds* Österreichs links in die Canovagasse ein und landet dann fast vor der Karlskirche.

SEHENSWERTES

Badespaß im Süden von Wien:
Laxenburger Badeteich –
Badepause mit Radreparaturstation.
2361 Laxenburg, Leopold Holzgruber-G.
Badeteiche Guntramsdorf –
Qual der Wahl. Ozean oder Windradlteich?
2353 Guntramsdorf, Ozeanstraße 10
Thermalstrandbad Baden –
Spaß im größten Erlebnisbad Österreichs
2500 Baden, Helenenstraße 19-21
Vöslauer Thermalbad –
schönstes Baden oberhalb der Adria
2540 Bad Vöslau, Maital 2
Badeteich Oberwaltersdorf –
Familiäre Atmosphäre am Naturbadesee
2522 Oberwaltersdorf, Trumauer Str. 53

Schlossheuriger: Radljause im Weingarten am Thermenradweg bei Vösendorf.
www.schlossheuriger.com

Radlheuriger Pfaffstätten: Traubensaft to go oder to stay am Thermenradweg.
www.radlheuriger.at

©Spiller

Radfahrer aufgepasst!

©Spiller

Radeln am Wasser

Alberner Hafen
EV9A
S7 Schwechat
DK
Mitterbach
A4
Kaiser-ebersdorf
Zwölfaxing
Donaukanal
Pellendorf
Zentral-friedhof
Schwechat
S60
Himberg
Kledering
Prater
Maria-Lanzendorf
U1
Oberlaa
Erdberg
Leopoldsdorf
Rothneusiedl
Achau
U1
REX
R95
EV9
S3/S4/S60
Liesing
Hennersdorf
U1
Hauptbahnhof
S60
U2
U4
Karlsplatz
Badeteic
Laxenbur
Westbahn-hof
Inzersdorf
Vösendorf
Meidling
A2
Ozean
Siebenhirten
Schönbrunn
Mödlin
Mödling
Liesing
Mauer
Perchtoldsdorf
Hütteldorf
Kalksburg
Gießhübl
Lainzer Tiergarten

Gramatneusiedl
Mitterndorf
Moosbrunn
Velm
Unterwaltersdorf
Ebreichsdorf
Münchendorf
S60
A3
burger
spark
Badeteich
Oberwaltersdorf
Trumau
R95
R95
Oberwaltersdorf
Schwechat
Guntramsdorf
Triesting
R95
Tattendorf
Heurige
Neurißhof
Wr. Neustädter Kanal
dl-
Traiskirchen
Oeynhausen
Teesdorf
R95
Gumpolds-
kirchen
Tribuswinkel
Radlheuriger
Günselsdorf
Pfaffstätten
A2
Schönau
Baden
S3/S4
REX
EV9
EV9A
Bad Vöslau
S3/S4
REX
Wasser-
schloss
Kottingbrunn
S3/S4
REX
Leobersdorf
Thermalstrandbad
Baden
Thermalbad Vöslau

TOUR 20

See sehen

Heute bleibt die Küche kalt – wir radeln in den Wienerwald

Unsere Fahrt zum größten See des Wienerwalds beginnt am Karlsplatz. Wir fahren zu Beginn auf der Linken, dann auf der Rechten Wienzeile sowohl am weitgehend unsichtbaren unterirdischen Wienfluss, als auch an der historischen Stadtbahn entlang. Die am Ende des 19. Jahrhunderts erbaute Stadtbahn lag mit dem Ende des I. Weltkriegs brach und wurde im Rahmen der Modernisierungsarbeiten des *Roten Wiens* in den 1920er Jahren als wichtiger Teil des Wiener Verkehrskonzepts in das überlastete innerstädtische Nahverkehrskonzept integriert. Einzigartig ist die künstlerische Gestaltung der Haltestellenpavillons, Geländer usw. durch Otto Wagner, die an vielen Stationen noch zu erkennen ist. Mit der Integration in das Wiener U-Bahnnetz in den 1980er Jahren wurden aber leider einige erhaltenswerte Gebäude abgerissen.

Unser nächster Orientierungspunkt – die weithin sichtbare Otto-Wagner-Brücke (Gürtel) über die Wienzeile – wurde zum Glück vom Bundesdenkmalamt vor dem Abriss gerettet. Unter ihr hindurch gehts gemütlich auf dem Wientalradweg WT weiter, bis

START & ANREISE

1040 Wien, Karlsplatz

Linien U1, U2, U4 › Karlsplatz

WEGVERLAUF

Karlsplatz › Hietzing › Auhof › Purkersdorf › Wienerwaldsee › Breitenfurt › Kalksburg › Mauer › Hietzing › Karlsplatz

TOUR

57km (4½h) | R | 400hm

Ein langer Anstieg, durchgängig Asphaltwege

zum Schloss Schönbrunn. Nachdem Maria Theresia das Schloss von ihrem Vater geschenkt bekommen hatte, ließ sie das ehemalige Jagdschloss in den 1740er Jahren zum Residenzschloss ausbauen und erweitern und nutzte es als angenehme Sommerresidenz vor den Toren der Stadt. Nach dem Ein- und Auszug Napoleons sowie dem Wiener Kongress erlebte Schönbrunn dann unter Kaiser Franz Joseph und Elisabeth »Sisi« seine nächste glanzvolle Zeit.

Wir fahren am WT am Hof- oder Kaiserpavillon in Hietzing vorbei, einem separaten Stationsgebäude für Kaiser Franz Josef, welches er jedoch nur zweimal benutzte.

Flussbettradeln

Hier biegen wir scharf rechts ab, überqueren die Wien und fahren über die Rampe, direkt ins 1895 angelegte Betonbett neben dem Wasserlauf des Wienflusses. Ab hier sollte man das Hochwasserwarnsystem beachten und im Falle ansteigenden Wassers das Flussbett verlassen. Aufgrund der geographischen Voraussetzungen kann der Wienfluss enorm schnell stark ansteigen, so erhöhte sich der Wasserstand z.B. im Juli 2009 an der Kennedybrücke binnen 10min. um über einen Meter. Im Normalfall fließen hier nur etwa 200 Liter Wasser pro Sekunde durch, bei Hochwasser jedoch bis zu 450.000 Liter.

Wir folgen dem Wienfluss an den diversen Rückhaltebecken vorbei. Bei der Rechenanlage schieben wir einmal kurz über eine steile Rampe und können einen Blick auf Teile der Anlage werfen, die inzwischen vor allem im Rahmen des Schutzes der Wiener

Kaiserpavillon

U-Bahn vor Überflutung an Relevanz gewonnen hat. In den Rückhaltebecken entwickelte sich eine Art Auenlandschaft, in der Biber, Otter und rund 120 Vogelarten leben.

Wir verlassen den Wienfluss bei der Brücke am Auhofcenter nach links, folgen dann dem Straßenverlauf nach rechts bis zu einem Fahrradgeschäft (RS Sport mit Schlauchautomat und Pumpe) und überqueren die stark befahrene Wientalstraße, um dann über den kurzen Alois-Czedik-Steg zu fahren. Nun halten wir uns links und folgen der Beschilderung bis Purkersdorf Zentrum. Hier kann man eine kurze Eispause einlegen. Es geht durch den *Purkersdorfer Naturpark* weiter, nun den Schildern in Richtung Wienerwaldsee nach.

An einem alten Mühlstein der *Prager Mühle* muss man kurz die Straßenseite wechseln, hier ist die Streckenführung etwas unübersichtlich. Nach dem Naturpark radeln wir weiter geradeaus in die Rechenfeldstraße, wo das *Gasthaus Zur Alten Linde* zum Rasten einlädt. Am Ende der Rechenfeldstraße geht es dann links gut beschildert bis zum Wienerwaldsee.

Bruchlandung des Luftfahrtpioniers

Der Wienerwaldsee ist ein künstlicher Stausee und wurde 100 Jahre lang zur Rohwasserversorgung des nahegelegenen Wasserwerks genutzt. Seit den 2000er Jahren dient der See nun ausschließlich dem Hochwasserschutz der Stadt Wien. Nachdem er jedoch Wasserschutzgebiet ist, dürfen wir hier nicht schwimmen.

©Spiller

Stadtbahn im Wiental

©Spiller

Wilhelm-Kress-Denkmal

Am See befindet sich eine Freizeitanlage (Skatepark, Tischtennis) und ein Denkmal für den Flugpionier *Wilhelm Kress*, der hier Anfang des 20. Jahrhunderts versuchte, mit einem motorbetriebenen Wasserflugzeug die Schwerkraft zu überwinden.

Weiter geht es über den Staudamm nach rechts in Richtung Wolfsgraben und am *Wirtshaus Oliver* vorbei, immer der Hauptstraße folgend am Wolfsgrabenbach entlang. Schließlich radeln wir links relativ steil bergauf. Ziel: der Kleine Semmering. Bergab lassen wir es mit ordentlichem Tempo dann entspannt bis zur ersten Kreuzung rollen und biegen links in Richtung Wien ab. Bevor wir rechts beim Caritas Wohnheim abbiegen, können wir noch schnell zur Linken beim *LKW-Bauernmarkt* von Johann Fritz frisches Gemüse oder Obst kaufen. Nun folgen wir der Beschilderung nach Kalksburg und zur Wiener Stadtgrenze bis zu einer grünen Brücke

Wienerwald

über die Liesing, die wir überqueren, bevor wir dann links auf einen kleinen Weg abbiegen. An der Breitenfurter Straße halten wir uns rechts bis zur Kirche, wo dann links die Straße In der Klausen abzweigt. Wir folgen dem Stadtwanderweg 6 bergauf und radeln am Waldspielplatz Pappelteich und dem Sterngarten Georgenberg vorbei, durch die Kalksburger Straße und biegen links in die Rysergasse zur Wotrubakirche ab.

152 Betonblöcke

Die Kirche nach Entwürfen des Bildhauers *Fritz Wotruba* ist eine, der Kunstrichtung des Brutalismus zuzuordnende, Mischung aus Skulptur und Gebäude. Sie wurde von Margarethe Ottilinger gestiftet, deren Geschichte sich wie ein Spionagefilm aus den 50ern liest. Nach ihr wurde auch der Platz vor der Kirche benannt.

Nun geht es über die Kalksburger Straße, Lindauergasse, Kaserngasse, Heudörfelgasse, Wittgensteinstraße und Anatourgasse schließlich am Napoleonwald vorbei. Von hier gelangen wir über die Eyslergasse, die Dr.-Schober-Straße und die Hermesstraße zum beeindruckenden alten Krankenhaus Lainz (Klinik Hietzing).

Es wurde 1908-1913 zum 60sten Regierungsjubiläum Kaiser Franz Josephs erbaut und ergänzte das Pflegeheim Lainz, mit dem es diesen gewaltigen Krankenhauskomplex bildet. Aufgrund des Skandals um die Tötung von Patienten in den 80er Jahren wurde das Areal umbenannt und das

©jne

Wotrubakirche

©jne

Sterngarten

Geriatriezentrum schließlich geschlossen. Am Ende der Wolkersbergenstraße biegen wir rechts in die Jagdschlossgasse, dann links in die Ratmannsdorfgasse und folgen ab der Tolstojgasse den Wegweisern Richtung Wientalradweg WT. Wir erreichen ihn über die Paul-Amann-Brücke und folgen ihm rechts nach Hietzing, bis es dann auf bekanntem Weg zurück zum Naschmarkt und dem Karlsplatz geht, wo unsere wunderbare Tour schließlich ein Ende findet.

Die Entführung der M. Ottilinger
1948. Margarethe Ottilinger überquert gemeinsam mit Herbert Krauland, dem Minister für Vermögenssicherung und Wirtschaftsplanung die Grenze zwischen amerikanischer und sowjetischer Zone. Die Aktentasche des Ministers mit streng geheimen Unterlagen zum Marshallplan liegt auf ihrem Schoß. Zuerst springt ein KGB-Mann ins Auto und versucht ihr die Tasche abzunehmen, dann werden beide in die sowjetische Komman-

Naschmarkt

dantur gebracht. Der Minister kommt schnell frei, doch für Margarethe Ottilinger beginnen an diesem Tag sieben Jahre *Gulag*, als politische Gefangene in der Sowjetunion. Sie wird nie erfahren, was der tatsächliche Grund für ihre Verhaftung war und nur knapp die sowjetischen Lager überleben, bis sie schließlich im Rahmen des politischen Tauwetters nach Stalins Tod und einer Verkürzung ihrer Haft 1955 wieder nach Österreich kommt. In der Gefangenschaft schwört sie, wenn sie jemals wieder nach Hause kommen sollte, eine Kirche zu bauen. 1956 wird sie seitens der Sowjetunion freigesprochen und in den 1990er Jahren rehabilitiert. Nach ihrer Rückkehr geht sie in die Wirtschaft zurück und wird schließlich Vorstandsdirektorin der OMV.

SEHENSWERTES

Rast im Gastgarten/Gast im Rastgarten:
Zur Alten Linde – warme Küche bis 21:00
3002 Purkersdorf, Rechenfeldstraße 1
Wirtshaus Oliver – Kegelbahn inklusive
3012 Wolfsgraben, Hauptstraße 3
Das Eis – Schlemmen in Mauer
1230 Wien, Maurer Hauptplatz 10/2

Béton Brut in Mauer: Der Brutalismus – entstanden um 1950 – ist geprägt von der Verwendung von Sichtbeton, simplen geometrischen Formen und meist sehr grober Ausarbeitung der Bauwerke. Österreichs Paradebeispiel dafür ist die Wotrubakirche am Maurer Georgenberg.

Sternderl schauen: Am Freiluftplanetarium im Sterngarten gleich neben der Wotrubakirche. *www1.astroverein.at*

Flohmarkt beim Naschmarkt:
Vintage Shopping für Frühaufsteher – hochwertige Altwaren bis kitschiger Trödel. *Jeden Samstag von 7:00 bis 13:00*

©Spiller
Wienflussradweg bei Hietzing

©AdobeStock/romanple
Wienerwaldsee

Gablitz
Hadersdorf
S50
Purkersdorf
S50
Zur Alten Linde
Weidlingau
Wienfluss
Rückhalte
becken
Unter-
tullnerbach
S50
Wienerwaldsee
Wilhelm-Kress-Park
Baunzen
A1
Wirtshaus Oliver
Lainzer
Tiergarten
Wolfsgraben
Laab im Walde
Breitenfurt West
Liesing
Breitenfurt
Breitenfurt Ost
Festenberg
Eichberg
Kaltenleutgeben

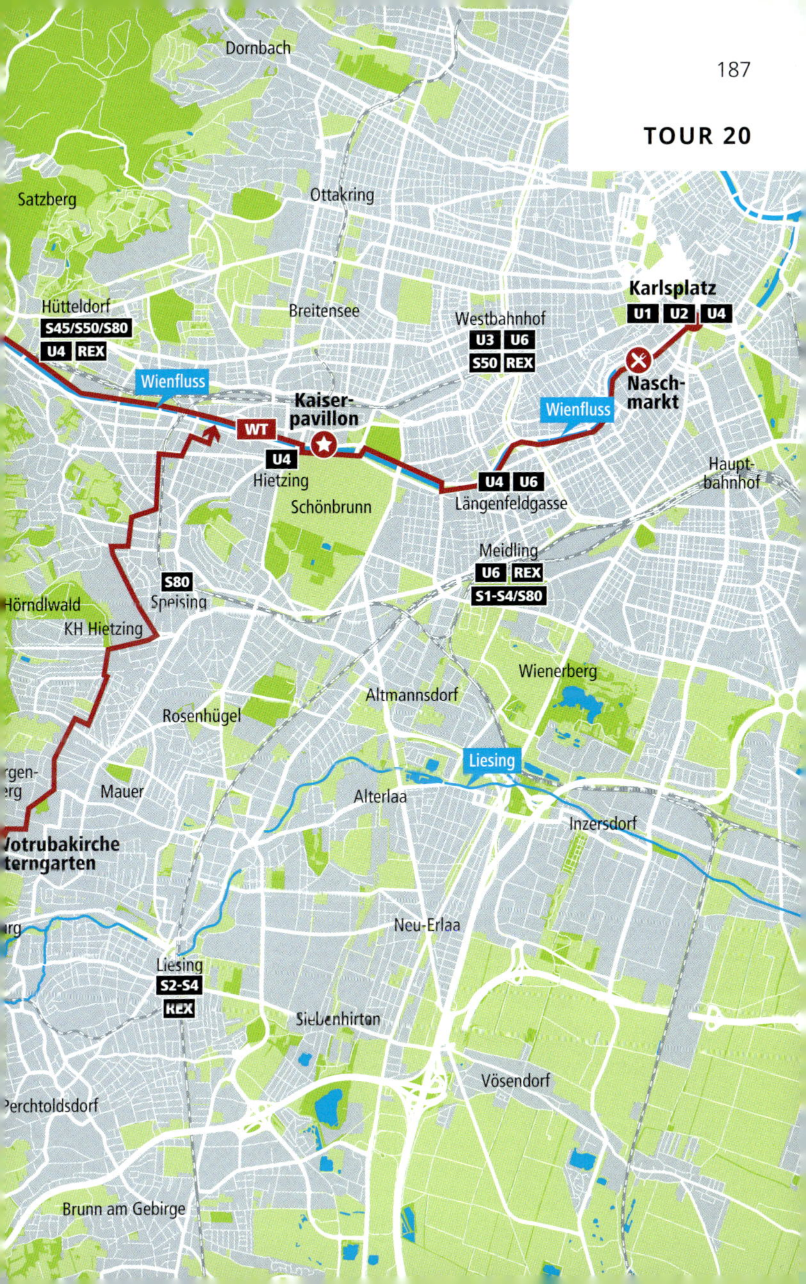
Dornbach
Satzberg
Ottakring
Karlsplatz
U1 U2 U4
Hütteldorf
S45/S50/S80
U4 REX
Breitensee
Westbahnhof
U3 U6
S50 REX
Naschmarkt
Wienfluss
Kaiserpavillon
WT
U4
Hietzing
Schönbrunn
U4 U6
Längenfeldgasse
Hauptbahnhof
Meidling
U6 REX
S1-S4/S80
S80
Speising
Hörndlwald
KH Hietzing
Wienerberg
Altmannsdorf
Rosenhügel
Liesing
Mauer
Alterlaa
Inzersdorf
Neu-Erlaa
Liesing
S2-S4
REX
Siebenhirten
Vösendorf
Brunn am Gebirge

DIÄT-YOGA

Wenn Sie Übergewicht haben und abnehmen wollen, und das bereits mehrmals vergeblich versuchten, dann lesen Sie dieses Buch. **Wenn Sie mit dem Rauchen aufhören wollen**, es nicht schafften, oder Angst haben, Sie würden ohne Zigaretten mehr essen, dann lesen Sie dieses Buch. **Wenn Sie es satt sind, Sklave einer Sucht zu sein** und endlich wieder selbst über sich bestimmen wollen, dann lesen Sie dieses Buch. Dieses Buch wird Sie von der Macht des Geistes über den Körper und von der Existenz verborgener Kräfte, die Sie nutzen können, überzeugen.

Das Geheimnis der Jojo Kurzdiät

- Das Thermostatgewicht und die Verwirrungstaktik.
- Der Sparmodus, der Verzögerungsmechanismus und der Gewöhnungsfaktor.
- Das Wunschgewicht, das Alarmgewicht und das Höchstgewicht.

Wie man die Rauchsucht besiegt

- Die Blitzentwöhnung mit dem Überraschungseffekt
- Die Stufenentwöhnung als Geistessport
- 20 Hinweise, die es erleichtern, mit dem Rauchen aufzuhören

DIÄT-YOGA
ISBN 978-3-900721-07-7
www.stejnar-verlag.com

BUCH TIPP

So wandelt man eine Sucht in Willenskraft

- In Lustbegehren und Leidenschaften steckt die gleiche Energie wie in der Willenskraft, die nein sagt und sich den unerwünschten Regungen entgegenstellt.
- Eine einfache Technik entscheidet, wohin man den Energiefluss lenkt.
- Das Sphinxphänomen mit dem Nullzeiteffekt.

Ganz gleich, welche Diät Sie bevorzugen, ganz gleich, auf welche Art Sie fasten, mit den Anleitungen in diesem Buch werden Sie auf jeden Fall den Jojo-Effekt vermeiden.

Mehr Abenteuer

11 Jahre sind bereits seit dem Erscheinen des ersten »WildUrb« Buches vergangen. WIEN GEHT, unser Flaggschiff unter den urbigen Kultbüchern wurde mittlerweile in der 4. Auflage herausgegeben, wir konnten Berlin erobern und mit dem vorliegenden Buch sind insgesamt 17 Buchtitel erschienen. Hier findest Du einen Auszug der Buchserie und auf **www.wildurb.at** unser gesamtes Verlagsprogramm.

WIEN GEHT

Die reizvollsten Spaziergänge der Stadt

Abenteuerlich oder erholsam, historisch oder modern, lieblich oder verwegen, kontrastreich oder grün, alleine oder gemeinsam: Einfach gehen. Durch Wien.
40 Spazierwege mit Plänen, Wegbeschreibungen uvm.

Neu: Alle Touren via QR-Codes online abrufbar.

WIEN WANDERT

Die offiziellen Wanderwege der Stadt

Alle offiziellen Stadtwanderwege und Naturlehrpfade Wiens, der Wein und Wasserweg der Stadt, »rundumadum« in 7 Tagesetappen sowie Informationen über Grillplätze, Naturdenkmäler, Stempelstationen uvm.

Neu: Alle Touren via QR-Codes online abrufbar.

WIEN RADELT

Die City und ihr Umland erfahren

20 Radtouren führen Dich in das lebens- und liebenswerteste Wien hinein und drum herum. Mit dem Radl die Stadt und ihr Umland erkunden, frische Luft und Lebensfreude tanken und muntere Momente sammeln.

Neu: Alle Touren via QR-Codes online abrufbar.